세상에 대하여
우리가
더 잘 알아야 할
교양

9

지은이 | 옮긴이 소개

지은이 **안토니 메이슨**

안토니 메이슨(Antony Mason)은 20여 년에 걸쳐 70권이 넘는 책을 썼습니다. 방대한 저작에서 볼 수 있듯이 저자는 지칠 줄 모르는 호기심의 소유자로서, 어떤 지식의 영역이라도 연구할 수 있는 논픽션 분야를 사랑합니다. 역사, 예술사, 여행, 지질학, 탐험 등의 주제에 관심이 많습니다. 대표작으로는 《People Around the World(세계의 사람들)》《A History of Western Art: From Prehistory to the Twentieth Century(서양미술사: 선사시대부터 20세기까지)》 등이 있고, 《세상에 대하여 우리가 더 잘 알아야 할 교양 -중국, 초강대국이 될까?(World Issues: China, The New Super Power?)》가 한국에 출간되어 있습니다.

옮긴이 **선세갑**

환경 운동가이자 번역가로 활동하고 있습니다. 중앙대학교 경제학과를 졸업하고 루이지애나 주립대 대학원에서 경영학을 전공했습니다. 환경 NGO인 환경운동연합, 시민환경연구소, 시민환경정보센터, 환경교육센터와 시민사회네트 등에서 일했습니다. 15년간 환경운동연합 발간 월간지 〈함께 사는 길〉의 'World Watch' 코너를 통해 미국 환경 NGO 월드워치연구소(World Watch Institute)의 핫 이슈를 우리말로 옮겨 소개했습니다. 《얼음없는 세상》《생수, 그 치명적 유혹》《뜨거운 지구에서 살아남는 유쾌한 생활습관 77》 등 각종 환경 관련 도서의 번역 및 집필에 참여하였습니다.

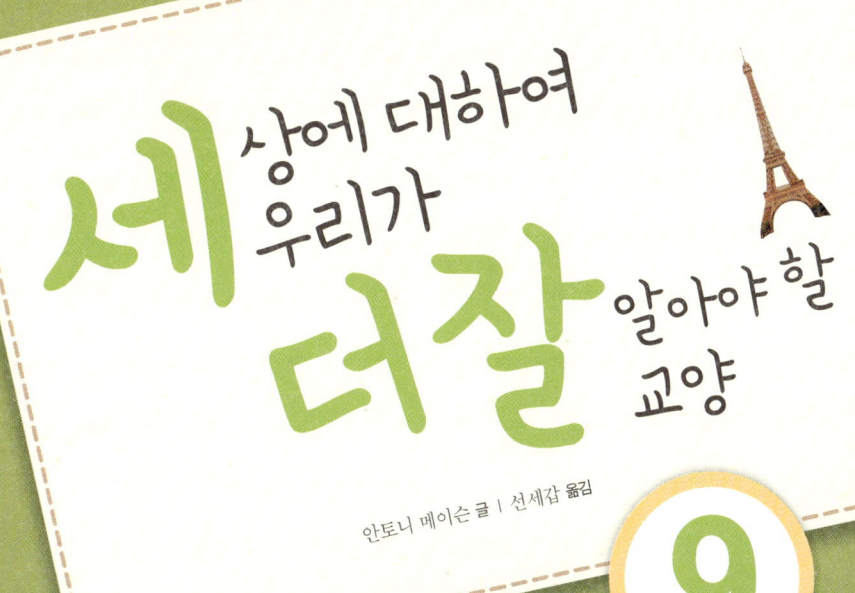

세상에 대하여 우리가 더 잘 알아야 할 교양

안토니 메이슨 글 | 선세갑 옮김

9

자연재해

인간과 자연이 공존하는 길은?

내인생의책

차례

옮긴이의 말 - 6

들어가는 글 - 8

1. 자연재해란? - 13
인류를 위협하는 자연재해에는 어떤 것들이 있으며, 무엇 때문에 자연재해가 발생하고 그 파괴력은 얼마나 되는지 알아봅니다.

2. 재해가 닥쳤을 때 - 39
자연재해가 인간의 생명과 생활에 끼치는 영향을 자세히 짚어 봅니다.

3. 재해 후 새 출발 - 55
재해로부터 어떤 교훈을 얻을 수 있고 피해를 어떻게 복구해 가는지 살펴봅니다.

4. 방재 대책 - 69
재해를 예측하는 방법과 여러 가지 재해 대처 방안에 대해 알아봅니다.

5. 인간이 불러오는 자연재해 - 85
최근엔 인간의 행위가 자연에 위협을 가함으로써 재앙을 불러오기도 합니다. 이에 관해 집중 조명합니다.

6. 자연과 공존하기 - 101
앞으로 일어날 다양한 재해를 살펴보고 우리가 어떻게 대응해야 할지 생각해 봅니다.

한눈에 보는 재해의 역사 - 112

자연재해 관련 단체 - 118

찾아보기 - 122

"에펠탑의 높이를 지구가 생겨난 후의 시간이라 친다면, 인간의 역사는 에펠탑 꼭대기에 칠한 페인트 두께 정도일 뿐이다."

46억 년이라는 지구의 역사에서 인간 존재란 어떤 비중인지를 단적으로 표현한 소설가 마크 트웨인의 비유입니다. 저 자신도 '46억 원을 가진 대단한 부자 앞에 고작 5천 원짜리 한 장을 들고 마주 선, 부끄러울 정도로 궁핍한 존재가 인간이 아닌가.' 하는 생각을 해본 적이 있습니다.

이 책을 보며 누군가는 인간의 무력함을 절실하게 느낄 수도 있습니다. 홍수와 태풍 그 어느 것도 우리가 제대로 제어할 수 없으며 지진이나 화산 폭발 같은 대규모 재앙을 예측조차 할 수 없다는 것은, 그리도 대단해 보이던 현대 과학이 대자연 앞에서는 여전히 물낯 바닥에 얼굴이나 비추는 어린아이 수준임을 실감하기 때문이지요. 한편으론 이런 자연재해를 수습하고 재건에 나서 원상을 되찾고 일어서는 문명을 보며, 인간은 참으로 위대한 존재이고 머지않아 우주의 모든 비밀까지도 풀 수 있을 유일한 존재가 아닐까 하며 자부심을 느끼는 사람도 있을 겁니다.

그렇지만 이 책을 읽은 학생들이 쓸데없는 열패감, 또는 어설픈 자기만족의 어느 한 쪽에 치우치지 말길 바랍니다. 대신 광대무변한 우주를 대하는 최선의 자세라 할 균형감각을 되찾는 기회로 삼았으면 싶습니다. 우리가 지구상에 존재하는 최고의 영장류라고 자부한다면 그에 걸맞은 현명함으로 최악의 상황을 대비하면서, 잡히지 않는 우주의 신비 앞에서는 겸손한 마음으로 한 발자국씩 본질을 향해 나아가는 것이 우리의 바람직한 자세라 생각합니다.

어떤 이들은 지구 전체 70억 인구에 비하면 재해를 당하는 사람들은 소수에 불과하다며 그 피해를 대단치 않다고 넘겨버릴 수도 있습니다. 하지만 그런 재해는 어느 누구라도 비켜 가지 않으며 언제고 자신이 직접적으로, 아니면 간접적으로라도 피해자가 될 수 있음을 잊지 않아야 합니다. 게다가 지구 온난화가 불러올 전 지구적 재앙은 인류에게 큰 고통을 줄 수 있습니다. 평균 해수면이 상승하면서, 물에 잠길 위험에 처한 해안지역이 점점 많아지고 있기 때문입니다.

더는 머뭇거리지 말고 모두가 나서서 지구적 재앙과 환경 문제의 해결사가 되자고 다짐합시다. '선조들은 지혜로웠던가?'를 되묻게 하는 극단적인 지구환경이 후손들의 현실이 되지 않게 해야 합니다. 북경의 나비 한 마리의 날갯짓이 뉴욕에서 폭풍우가 될 수 있다는 격변이론의 교훈을 가슴에 새겨야 합니다. '자연 대 인간'으로 맞서기보다는 '자연과 인간'으로 함께 나아가는 동지가 되자고 제안합니다.

환경 운동가 **선세갑**

들어가는 글

인류는 항상 주위의 자연환경을 통제해보려 했지만 자연의 힘은 인간이 만든 어떤 힘보다 더 강력했습니다. 인류가 존재하기 훨씬 전부터 이미 자연은 지구를 뒤흔들고 있었어요. 자연재해는 가정의 보금자리인 주택을 파괴하고 사람들을 살상하며 가까스로 살아남은 생존자마저도 비참하게 만들기 쉽습니다. 인류가 자연재해를 통제하는 길은 아직 멀게 보이지만, 우리는 자연재해에 맞설 최선의 수단에 한 발짝씩 다가서고 있습니다.

통계의 문제

인류는 자연재해를 대할 때 매우 인간중심적인 태도로 접근합니다. 즉 사람이 얼마나 죽거나 다쳤는지 하는 수치로 자연재해를 평가하지요. 뉴스의 표제를 장식하는 것도 사상자의 수입니다. 그러다 보니 도회지와 멀리 떨어진 오지에서 발생한 지진이나 화산 폭발은 상대적으로 관심을 받지 못하는 경향이 있습니다. 이렇게 자연 현상이 재해로 인식되기 위해서는 그것이 인간에게 얼마나 영향을 끼쳤는가

자연재해는 통계 수치상으로 평가된다. 세계 인구가 늘어나면 재해로 인한 사상자의 수도 늘어날 것이므로, 미래의 자연재해는 전보다 더욱 악화되었다고 평가될 것이다.

가 관건이 됩니다. 특히 정부 입장에서는 경제적 비용이 얼마가 되느냐가 재해 규모를 평가하는 주요소가 되고 있어요. 21세기에 들어서도 세계 인구는 가파르게 증가하고 있으므로 더욱 많은 사람들이 자연재해의 영향을 받게 될 것입니다. 한편 이와 같은 인구 증가 때문에 환경에 미치는 인간의 영향도 커지면서 우리가 자연재해를 유발할 가능성도 높아지고 있어요.

자연재해를 설명하려는 노력

자연재해는 어떤 것이냐를 막론하고 개인에게는 치명적인 영향을 주기 때문에 개인 차원에서 재해의 규모를 논하는 것은 크게 의미가 없습니다. 그러나 인류 역사와 함께 자연재해가 늘 존재해 왔으므로 인간이 자연재해에 대해 알고 싶어한 것은 지극히 당연합니다. 과거에는 자연재해를 인간에게 어떤 교훈을 주려는 신의 의도로 생각하는 사람이

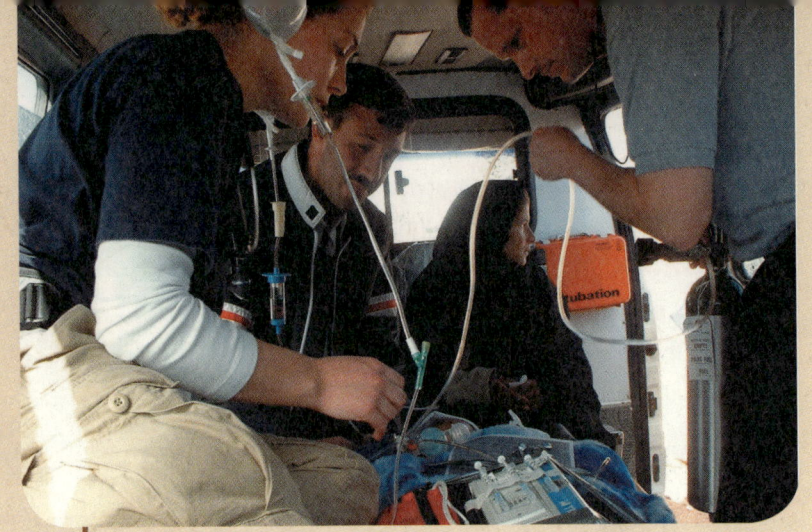

자연재해 관련 뉴스는 매우 빨리 확산되고, 구조대는 불과 몇 시간 안에 현장에 도착해 도움을 줄 수 있다. 뉴스는 이러한 재해 보도에 치우쳐 장기적인 문제인 질병이나 전쟁 등의 보도를 소홀히 다루곤 한다.

대부분이었고, 지금도 이런 생각을 가진 사람이 많아요. 그러나 근대 과학이 발달하면서 인류는 자연재해의 얼개를 보다 깊이 알게 되었습니다. 이처럼 지식이 증가하고 기술이 진보하여 이제 인류는 미래에 발생할 재해에 대해서도 예측할 수 있게 되었지요.

첨단 기술의 보편화로 재해 소식은 신속하게 보도되고 구조대는 불과 몇 시간 만에 현장에 도착합니다. 덕분에 피해자의 고통은 줄어들지만, 재해가 사상자 수치에만 초점이 맞추어지며 선정적으로 보도되기도 해요. 이같이 편향된 보도로 말미암아 사람들은 상황에 대한 균형감을 잃을 수 있어요. 비록 자연재해가 비극적 사건이긴 하지만 여타 사망의 원인인 질병이나 전쟁에 비하여 더욱 파괴적이라 할 수 없는데도, 사람들은 뉴스 보도의 비중에 이끌려 재해에 더 많은 주의를 기울이게 됩니다.

1881년 이후 10대 자연재해

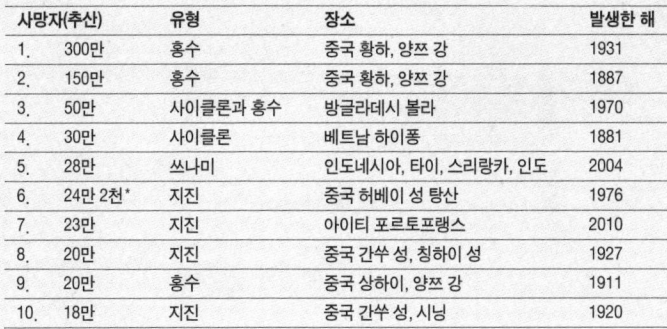

사망자(추산)		유형	장소	발생한 해
1.	300만	홍수	중국 황하, 양쯔 강	1931
2.	150만	홍수	중국 황하, 양쯔 강	1887
3.	50만	사이클론과 홍수	방글라데시 볼라	1970
4.	30만	사이클론	베트남 하이퐁	1881
5.	28만	쓰나미	인도네시아, 타이, 스리랑카, 인도	2004
6.	24만 2천*	지진	중국 허베이 성 탕산	1976
7.	23만	지진	아이티 포르토프랭스	2010
8.	20만	지진	중국 간쑤 성, 칭하이 성	1927
9.	20만	홍수	중국 상하이, 양쯔 강	1911
10.	18만	지진	중국 간쑤 성, 시닝	1920

* 중국 당국의 공식 발표 자료. 외부에서는 75만 명 이상이 사망했을 것으로 추산한다.

이 자료는 기근이나 유행병으로 인한 재해는 제외한 것이다.

자연재해란?

CHAPTER 1

자연재해란 인간의 행동이 직접적인 원인이 되어 발생하는 인재(人災)와는 달리, 피할 수 없는 자연현상으로 인해 인간 생활에 광범위한 해를 끼치는 재난을 말합니다.

자연재해

자연재해란 인간의 행동이 직접적인 원인이 되어 발생하는 인재(人災)와는 달리, 피할 수 없는 자연현상으로 인해 인간 생활에 광범위한 해를 끼치는 재난을 말합니다. 사람들은 자연재해로 다치거나 사망하며, 재산상 피해만 입기도 합니다. 태평양 무인도의 화산 폭발 같은 것은 인간에게 피해가 없으므로 자연재해에 포함시키지 않아요. 그러나 만약 화산 폭발로 공중으로 퍼져 나간 파편이 기후 변화를 불러와 야생동물이나 인간의 생활에 영향을 끼친다면 이 폭발도 자연재해가 될 수 있겠지요. 대개의 자연재해는 지구 표면의 불안정성이나 악천후 때문에 발생합니다.

쉬지 않는 땅

45억 년 전에 탄생한 이후로 지금까지 지구는 계속 불안정한 돌덩어리였다고 할 수 있어요. 판 구조론에 따르면 지구의 겉 부분은 여러 개의 판[1]으로 이루어졌으며, 이 판들이 서로 벌어지고 충돌하고 미끄러지

---

1 판(Tectonic plate): 지구의 단면은 달걀과 유사한데 바깥 껍질을 지각, 흰자위를 맨틀, 노른자위를 중심부 핵에 비유할 수 있다. 판이란 지구의 겉 부분을 둘러싸는 두께 100km 안팎의 암석 판으로 지각과 맨틀 상부로 이루어진다. 판에는 주로 화강암질로 된 대륙지각을 포함하는 대륙판과 주로 현무암질로 된 해양지각을 포함

기상 악화(왼쪽 사진)와 지각의 이동(오른쪽 사진) 때문에 재해가 발생한다.

는 운동을 하는 과정에서 지진이나 화산 폭발이 일어나 지표면이 끊임없이 흔들려 왔다고 합니다.

　판들이 운동하는 과정에서 생기는 압력은 지표면에 갑작스러운 충격을 주어 격렬한 지진이 일어납니다. 지진의 강도는 리히터 규모[2]로 표시해요. 리히터 규모가 한 단위 증가할 때마다 지진 강도가 10배씩 증가하므로, 핵폭탄의 힘과 맞먹는 규모 7의 지진은 규모 6의 지진보다 10배 강력하고, 규모 5의 지진보다는 100배 더 강력해요. 대도시처럼 인구 밀도

하는 해양판이 있다. 대부분의 지진은 이렇게 갈라진 판끼리 서로 밀고 밀리면서 발생한다. 대륙판과 해양판이 만나는 경계에서는 무거운 해양판이 가벼운 대륙판을 밀고 아래로 침강한다.

2　리히터 규모(Richter scale): 지진의 강도를 구분한 미국의 지진학자 리히터(Charles Richter)를 기려 붙인 명칭. 규모는 지진 크기를 나타내는 척도로 '절대적' 개념이고, '상대적' 개념인 진도와는 다르다. 리히터 규모가 한 단위 증가할 때마다 진폭(강도)은 10배씩 증가하고 지진 에너지는 32배씩 커진다. 리히터 규모 6 이상의 지진은 대부분 심각한 피해를 가져온다.

가 높은 곳에서 지진이 발생하면 피해가 막대합니다. 가옥이 무너지며 전선, 가스, 수도관이 파열되고 도로, 다리, 터널 등이 붕괴되기 때문이지요. 최악의 자연재해 중에는 큰 지진을 빠뜨릴 수 없는데, 특히 2005년 10월 파키스탄 카슈미르에서 발생한 지진(리히터 규모 7.6)은 무려 8만 명의 목숨을 앗아갔어요. 유사 이래 최악의 지진은 1976년 중국 탕산 시에서 발생한 지진으로(11쪽 참고), 리히터 규모로는 7.8이었습니다.

판 구조론

1960년대에 지질학자들은 왜 특정 지역에서 유달리 많은 지진과 화산 폭발이 발생하는지를 설명할 방법을 찾아냈다. 한마디로 지구의 지각이 거대한 판들로 나뉘어 있다는 것이다. 이런 판들은 마치 조각그림 맞추기 놀이판처럼 대륙과 해양 바닥을 구성하고 있다. 한편 지각 밑에는 '연약권'이라는 층이 존재하는데, 연약권은 힘을 받으면 움직이는 유동성이 있으므로 그 위에 놓인 판들이 거대한 뗏목처럼 움직인다. 대부분의 지진과 화산 폭발은 판들이 서로 충돌하는 곳에서 발생한다.

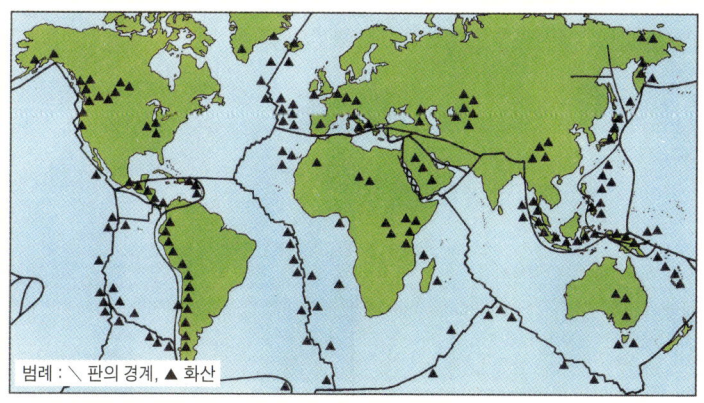

범례 : \ 판의 경계, ▲ 화산

▶▶▶ 화산 폭발

한편 우리가 밟고 있는 지표 아래에 있는 마그마(Magma, 땅속 깊은 곳에서 지열로 녹아 반액체로 된, 암석 성분과 가스의 혼합 용융체)는 지각을 뚫고 솟아오르려 합니다. 마그마가 양이 많아지고 압력이 더할 수 없이 세지면 지각이 약한 부분을 뚫고 나오는데, 바로 이것이 화산 폭발이에요. 화산은 분출하는 형태에 따라 폭발형 화산과 분출형 화산으로 나눌 수 있어요. 화산의 분화구에서 분출된 마그마를 용암이라 하는데, 분출형 화산에서는 끈적임이 적어 부드러운 용암이 지속적으로 분출되며 조용히 흘러내립니다. 폭발형 화산은 끈적임이 큰 용암이 큰 소리를 내면서

1980년 세인트헬렌스 화산 폭발로 57명이 사망했고 주택 200채, 교량 47개가 무너졌으며 철길 24km, 도로 300km가 끊어졌다.

강력히 폭발하며, 주로 원뿔 모양을 이룹니다. 이탈리아 나폴리 인근에 있는 화산인 베수비오 산이 대표적인 폭발형 화산인데, 서기 79년에 있었던 화산 활동으로 로마 제국의 폼페이와 헤르쿨라네움이 매몰되면서 3,500명이 사망했어요. 1980년에는 미국 워싱턴 주의 세인트헬렌스 화산이 폭발하면서 산의 동쪽 사면은 폐허가 되었고, 산꼭대기의 400미터가 날아가 버렸어요. 이런 대폭발에도 불구하고 사망자가 57명에 그쳤던 것은 분화구 주위 지역이 인구 밀집 지대가 아닌 삼림이었고 당국이 주민들을 대피시켰기 때문입니다.

화산이 폭발하면 화산이류에 의한 영향도 받게 됩니다. 진흙과 화산 물질 등이 산허리를 따라 격렬하게 이동하면서 피해를 입힐 수 있다는 말이에요. 1991년 필리핀의 피나투보 화산이 연달아 폭발하면서 축축한 화산재와 진흙이 일대를 마치 두터운 카펫처럼 뒤덮었어요. 운 좋게도 20만 명의 인근 주민은 안전한 곳으로 대피했고 사망자는 1,000명 정도에 그쳤습니다. 하지만 1985년 네바도 델 루이스 화산이 폭발했던 콜롬비아의 아르메로 주민들에게는 그런 행운이 따라주지 않았어요. 엄청난 화산이류가 산기슭을 흘러내리며 마을을 삼키는 바람에 2만 3천 명의 주민 중 무려 2만 1천 명이 사망했어요.

▶▶▶ 쓰나미

바다 근처나 바다 밑에서 지진이나 화산 폭발이 발생하면 그 충격이 바다를 통해 전달됩니다. 쓰나미(Tsunami)라고 불리는 거대한 파도가 대양을 가로질러 바닷가로 밀려드는 것입니다. 이때 해변가가 인구 밀집

가공할 쓰나미의 파괴력은 어디서 오는가?

쓰나미는 대개 지진이나 화산 폭발, 때로는 산사태 같이 바다에 엄청난 힘이 가해지면서 시작된다. 이러한 충격으로 바닷물은 요동치고 바다 수면이 솟구쳐 거대한 파도가 형성된다. 대양 한가운데에서 이런 변화는 그다지 눈에 띄지 않지만, 실제로는 파도가 시속 800km로 해안을 향해 이동 중일 때도 있다. 파도가 해안에 접근하고 물의 깊이가 얕아질수록 움직이는 물과 해저면 사이의 마찰 때문에 파도는 더욱 거대해지고 높아진다. 때로는 높이가 100m에 이르는 초대형 쓰나미도 있지만 그렇게 흔한 예는 아니다. 2004년 타이 해안을 강타한 쓰나미 사진을 분석해 보면, 파도는 생각보다 낮았지만 해수량과 확장규모는 치명적이었다. 결국 이 쓰나미로 막대한 인명 피해와 경제적 손실이 발생하였다.

어떤 열대 저기압은 폭이 300km, 풍속이 시속 320km에 이른다.

지역이라면 엄청난 인명 피해가 발생할 수밖에 없는데, 현재 세계 인구의 대부분이 바닷가에 인접해서 살고 있어요. 1755년 포르투갈의 수도 리스본에 지진이 발생하자 불과 30분 뒤에 쓰나미가 밀려들었어요. 지진과 화재를 피해 수천 명의 사람들이 바닷가로 도망쳤지만 불운한 그들을 기다린 것은 쓰나미였지요. 2004년 12월에 인도네시아, 타이, 스리랑카, 인도 등을 강타한 쓰나미는 28만 명의 목숨을 앗아갔습니다. 당시 쓰나미는 리히터 규모 9.15로 측정된 해저 지진 때문에 일어났어요. 파도의 위력이 얼마나 강력했던지 진앙으로부터 수천 킬로미터 떨어진 아프리카에서도 사상자가 발생했지요.

쉬지 않는 하늘

지구의 날씨 역시 만만치 않아서 엄청난 재앙을 불러오곤 해요.

열대 저기압이란 열대 지방의 더운 날씨 때문에 발생하는 저기압으로, 발달된 열대 저기압을 발생 지역에 따라 태풍, 허리케인, 사이클론[3]으로 나누어 부릅니다. 태풍, 허리케인, 사이클론은 중심부 풍속이 대개 초속 17미터 이상이고, 바람이 약하고 조용한 '눈'을 중심으로 하여 지름이 300킬로미터 이상 되는 크기로 회전합니다.

방글라데시는 사이클론이 동반하는 맹렬한 바람과 높은 파도, 폭우로 가장 많은 피해를 받아온 지역이에요. 방글라데시는 벵골 만과 인접

---

3 태풍(typhoon)은 북태평양 서남부에서 발생하여 아시아 대륙 동부로 불어온다. 허리케인(hurricane)은 대서양 서부의 카리브 해, 멕시코 만과 북태평양 동부에서 발생하며, 사이클론(cyclone)은 벵골 만과 아라비아 해에서 발생한다. 다양한 규모의 저기압을 통칭하는 용어로 사이클론을 쓰기도 한다.

한 거대한 삼각주⁴ 지대가 국토의 대부분인데, 사이클론이 올 경우 물줄기가 벵골 만을 타고 국가 전역으로 쉽게 이동하므로 피해가 클 수밖에 없습니다.

강력한 열대 저기압이 해안을 치면 항구의 배가 손상되고 건물이 뜯겨나가며 나무가 뽑히고 전선과 통신선도 끊어집니다. 열대 저기압은 폭우를 동반하면서 해안에서 해수면이 급격히 높아지는 '폭풍 해일'을 일으키는데, 이때 일어난 홍수로 사망하는 사람의 숫자가 열대 저기압으로 인한 사망자의 90퍼센트를 차지합니다. 2005년에 미국 루이지애나 주의 유서 깊은 도시 뉴올리언스는 허리케인 카트리나가 일으킨 홍수로 심각한 범람 피해를 입었어요. 뉴올리언스는 도시 대부분의 지역이 해수면보다 낮으며 주위를 둘러싸고 흐르는 강을 제방으로 막아 놓았는데, 이 제방이 붕괴되어 도심의 80퍼센트가 물에 잠겼습니다. 미시시피 강과 앨라배마 강가를 따라 피해는 광범위하게 확산되었습니다.

▶▶▶ 토네이도

치명적인 피해를 가져오는 바람에는 토네이도도 있습니다. 국부적으로 강력한 저기압이 발달하면서 고온 다습한 공기가 상승하여 강한 풍속을 지닌 회오리바람을 일으키는 토네이도가 발생합니다. 보통 깔대기 모양이며 강력한 토네이도의 경우 속도가 시속 480킬로미터에 이르다 보니 지붕을 뜯어내고 대형 트럭을 공중으로 날려버리는 일도

---

4 강이 바다로 들어가는 어귀에 강물이 운반하여 온 모래나 흙이 쌓여 이루어진 편평한 지형.

깔때기 모양으로 회전하는 토네이도는 시속 480km로 대지를 휩쓸고 지나가기도 한다.

흔합니다. 토네이도는 사이클론과는 달리 수직 방향의 규모가 크기 때
문에 좁은 지역의 땅을 이리저리 휩쓸면서 피해를 줍니다. 지구상 어
느 곳에서도 발생할 수 있으나 가장 빈번한 곳은 미국 중부지역이에
요. 미국 중서부와 남부의 '토네이도 앨리(tornado alley)'는 오대호 부근
에서 멕시코 만까지 이르는 지역을 말합니다. 이 지역에 속하는 텍사
스, 오클라호마, 캔자스, 네브라스카 주는 매년 3월부터 10월까지 사

나운 토네이도에 시달리지요. 1974년 미국에서는 불과 이틀 동안 13개 주에 총 144회의 토네이도가 발생해서, 330명이 죽고 5,000명이 부상당했답니다. 한편 단일한 토네이도로서 최대의 인명 피해를 입힌 것은 1989년 방글라데시에서 발생했으며 이때 1,300명이 사망했어요.

홍수

날씨와 관련된 자연재해 중에서 가장 파괴적이고 희생자를 많이 내는 것이 바로 홍수입니다. 홍수는 대개 이례적인 폭우 때문에 강물이 범람해 일어나는데, 때로는 해빙이나 폭풍 해일로 인해 발생하기도 해요. 연평균으로 볼 때, 홍수는 다른 어떤 자연재해보다 많은 사망자를 냅니다. 1900년 9월 미국 텍사스 주의 갤버스턴에서는 허리케인이 몰고 온 홍수로 6,000명이 목숨을 잃었습니다. 1993년에 미시시피 강이 범람했을 때는 희생자가 50명에 그쳤지만, 재산 피해는 200억 달러를 기록했어요. 그러나 세계 최악의 홍수 피해를 겪어온 나라는 방글라데시와 중국이에요. 방글라데시에서는 홍수 때문에 1970년에는 50만 명이, 1991년에는 13만 명이 사망했습니다. 그리고 1931년 중국에서는 장마철에 황하가 범람하면서 익사와 뒤따른 기근과 질병으로 무려 300만 명이나 목숨을 잃고 말았답니다.

화재

통제가 불가능하여 자연재해로 취급될 정도의 화재는 대개 날씨 때문에 일어납니다. 비 한줄기 없는 건조한 날씨가 오랫동안 계속되면서

방글라데시의 특이한 지형이 불러오는 재앙

방글라데시는 평평한 저지대에 자리잡은 나라인데, 브라마푸트라 강이 벵골 만으로 흘러들면서 형성한 거대한 삼각주가 국토의 대부분을 차지한다. 이런 지형에, 해마다 여름이 되면 히말라야 산맥에서 만년설이 녹아 강의 수량이 증가한다. 이때는 또한 사이클론의 계절이기도 하므로, 종종 강물은 바다에서 몰려오는 강력한 폭풍우와 합쳐져 대홍수를 일으킨다. 강의 수위가 높아지면서 삼각주 지역의 작은 섬들은 쉽게 물에 잠기고 부실한 집에 사는 주민들은 심각한 피해를 입는다. 방글라데시는 거의 매년 홍수에 시달린다. 여기에 늘 어나는 인구 문제까지 겹친 최빈국 방글라데시이지만, 최근에는 홍수 방지 시설을 짓고 대피 계획을 개선하면서 피해가 감소하고 있다.

바싹 마른 숲은 거의 인화물질과 같아져요. 불꽃 하나와 약간의 바람만 있어도 화재가 나기 십상이지요. 이런 상황에서 일단 불이 나면, 수 킬로미터에 이르는 긴 전선이 형성되면서 최악의 경우 섭씨 2,000도나 되는 화염이 지상 50미터까지 솟구치며 시속 160킬로미터의 속도로 퍼져나갑니다. 이와 같은 화마는 앞에 놓인 어떠한 건물이나 생명체도 무자비하게 태워버리며, 진화 또한 매우 어려워서 몇 주 동안이나 지속되고는 해요.

2003년 10월에 발화한 미국 캘리포니아 주 샌디에이고 카운티의 세다 산불(Cedar fire)은 열흘간 계속되면서, 가옥 2,000채를 파괴하고 14명

울창한 삼림에 불이 나면 몇 주 동안 꺼지지 않을 때도 있다.

의 사망자를 냈으며 20억 달러에 이르는 재산 피해를 입혔어요. 최근에는 2009년 2월 호주 빅토리아 주에서 동시다발적 산불이 일어나 210명이 목숨을 잃었고 부상자는 500여 명, 이재민은 7,500여 명에 이르렀습니다. 73개 마을이 파괴되고, 총 43만 헥타르가 소실된 호주 최악의 산불이었지요.

산불이 일어나는 원인에는 여러 가지가 있습니다. 번개나 화산 폭발 때의 용암 때문에 산불이 발생하기도 하고, 때로는 버려진 유리병에 햇볕이 내리쬐면서 마른 풀에 불이 붙는 수도 있어요. 하지만 산불의 주 원인은 역시 사람으로, 바비큐 불을 피우려던 중 실수를 해서라든지 또는 무심코 던진 담배꽁초 때문에 불이 나는 경우가 있는가 하면, 의도적으로 불을 지른 경우도 적지 않습니다.

질병

인간과 자연이 충돌하는 문제로는 질병도 무시할 수 없습니다. 모든 생명체는 질병의 문제에서 자유로울 수 없어요. 우리 모두는 병에 걸리기 마련이고 그중 상당수는 암처럼 회복 불가능한 병을 얻지요. 개인 차원의 질병은 비록 치명적일지라도 자연재해라고는 할 수 없어요. 하지만 오염된 음식이나 물을 통해 감염되는 콜레라의 유행은 자연재해입니다. 이처럼 대규모로 유행하거나 다중에게 직접적인 영향을 끼치는 질병은 자연재해로 간주됩니다.

스페인 독감

  역사상 최악의 역병은 1918년부터 1919년까지 유행했던 독감(인플루엔자)이었다. '스페인 독감(Spanish flu/La Grippe)'으로 알려진 이 독감으로 사망한 인구는 전 세계적으로 2500만에서 5000만 사이인 것으로 추정되며(최대 1억까지 보는 연구 결과도 있다), 이는 제1차 세계대전의 사망자보다도 많은 숫자다. 전쟁 때문에 인구가 이동하고 종전 후 군인들이 귀향하면서 이렇게 엄청난 희생자가 난 것이다. 한국에서도 740만 명이 감염되었고, 그 가운데 14만 명 이상이 숨을 거둔 것으로 알려져 있다.

  스페인 독감은 스페인이 아닌 미군 병영에서 시작되었다. 그러나 스페인이 제1차 세계대전 참전국이 아니라 언론 통제가 없었고, 덕분에 독감 보도가 여과 없이 흘러나갔다. 게다가 스페인 국왕이 이 독감으로 사망하면서 독감 이름이 '스페인 독감'이 된 것으로 보인다.

  스페인 독감은 일반 독감과는 증상이 달랐다. 환자는 두통과 정신착란 증세를 보였고, 폐에 물이 차며 기침을 하면서 피를 토해냈다. 최초 증상을 보인 후 48시간도 되지 않아 사망하는 환자도 있었다. 대개의 독감은 어린이나 노인에게 주로 발생하지만, 스페인 독감은 젊고 건강한 사람 또한 쉽게 감염되었다.

  이 특이한 독감은 18개월 동안 유행하다 자연스레 소멸했다. 정확한 발병 원인은 아직도 알 수 없으나 이 바이러스는 H1N1형일 가능성이 높다고 한다. 또한 과학자들은 스페인 독감이 2000년대 초에 아시아에 퍼졌던 조류 독감[5] 바이러스와 연관이 있는지에 대해 연구하고 있다.

---

5 조류 독감(Avian flu): 닭, 오리, 야생 조류에서 조류 인플루엔자 바이러스의 감염으로 인해 발생하는 급성 전염병이다. 2003년 말부터 2008년 2월까지 고병원성(사람에게 전염될 수 있는) 조류 인플루엔자 바이러스(H5NI)가 인체에 감염된 사례가 376건 보고되었다. 이중 환자가 사망한 경우는 238건으로, 이처럼 조류 독감이 인체에 감염되면 높은 사망률을 보인다. 이 바이러스가 사람 사이에서도 감염이 가능한지는 아직 확실히 밝혀지지 않았다.(출처: 서울대학교병원)

▶▶▶ 과거의 유행 질환

과거에 비하면 오늘날엔 유행병이 많이 줄었어요. 이는 위생 수준이 높아지고 질병 예방에 관한 지식이 보편화된 결과입니다.

흑사병(1347~1350)이 유행하던 중세 유럽에서는 전체 인구의 3분의 1에 가까운 2500만 명이 사망했고, 아시아와 아프리카에서도 비슷한 정도의 사망자가 났을 것으로 추정됩니다. 그동안 흑사병은 쥐벼룩을 통해 옮겨지는 '페스트'라고 짐작했어요. 하지만 최근의 연구 결과에 의하면 탄저균이나 에볼라(Ebola) 바이러스와 비슷한 것이 흑사병의 원인이었을 가능성도 있다고 합니다. 1665년에서 1666년 사이에 영국을 휩쓴 대 역병도 림프절 페스트로 추정되는데, 이때 무려 10만 명이 목숨을

치명적인 질병에 맞서는 예방 접종은 현대 의학의 선물이다.

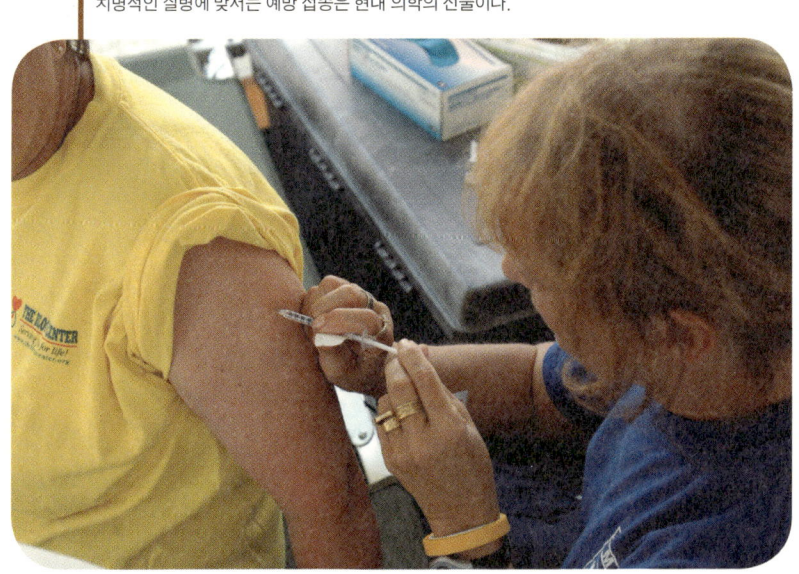

독감과 싸워 이길 수 있을까?

독감은 인플루엔자 바이러스에 의한 급성 호흡기 질환으로 열, 기침, 심한 근육통을 수반한다. 특히 노인층이나 천식 등 기관지 질환이 있는 사람들이 독감에 걸리면 위험하며, 젊고 건강한 사람도 독감에 걸리면 한동안 몸이 쇠약해진다.

독감은 예방 접종을 함으로써 발병을 어느 정도 막을 수 있다. 그러나 독감 바이러스는 항상 변종이 등장하기 때문에 치료하기가 어렵다. 과학자들은 계속해서 새로운 백신과 항바이러스 약제를 개발해야 한다.

2003년 아시아를 휩쓸었던 조류 독감은 H5라 알려진 변종 바이러스였다. 조류는 이 바이러스에 쉽게 감염되었지만 사람은 감염되지 않는다고 여겨졌었다. 그런데 사람들도 치사율이 굉장히 높은 H5N1 상태로 감염이 된 것이다. 현재 과학자들은 이 바이러스가 사람 사이에 전염될 수 있는 상태로 변형되었는지 여부를 면밀히 연구하고 있다. 이처럼 위험한 H5 바이러스는 철새를 통해 퍼지므로 방역 관계자들은 조류 독감이 전 지구적으로 번지는 것을 막기 위한 대처법 마련에 골몰하고 있다.

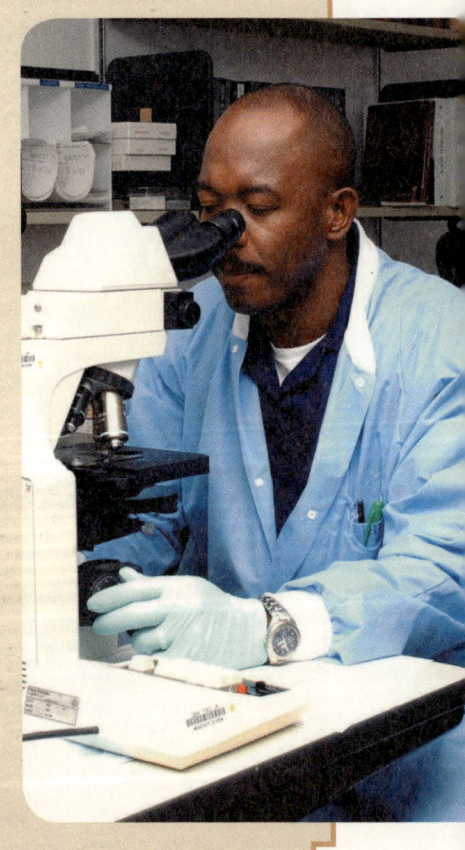

잃었습니다. 한편 19세기에는 물로 전파되는 수인성 전염병 콜레라가 수차례 번져 인도, 중국, 유럽, 북미, 아프리카 등지에서 수백만의 사망자가 발생했어요. 1918년에는 스페인 독감으로 18개월 동안 전 세계에서 2500만에서 5000만에 이르는 사람이 사망했습니다.

오늘날엔 사람들의 잦은 해외 이동으로 여행자와 그 주변인 들은 통상질환에 노출되기 쉽고, 그러므로 이런 질환에 대한 면역성도 자연스럽게 가지게 됩니다. 하지만 고립된 사회라면 해외에서 유입되는 질환에 매우 취약할 수 있어요. 아메리카 대륙에 유럽인이 발을 딛기 시작한 16세기가 그런 상황이었지요. 아메리카에 도착한 사람들은 유럽에서는 흔한 질환인 홍역, 백일해, 독감 등을 옮겨 왔으나, 원주민들은 이런 질환에 면역체가 전혀 없었어요. 1500년에는 중앙아메리카와 멕시코 지역의 원주민 인구가 약 2500만 명이었습니다. 그러나 질병이 유입된 결과(전쟁과 노예제로 인한 사망도 포함해서), 1625년에 그 지역의 인구는 125만 명으로 급감하고 말았답니다.

▶▶▶ 질병의 확산

이전에는 질병과 싸워 승리할 수 있다는 희망적인 낙관론도 있었지만, 몇몇 질병은 자연의 파괴적인 힘을 실감케 할 만큼 영원한 숙제로 남았습니다. 위험한 질병이 새롭게 생겨나고 있는데, 1981년에 보고된 에이즈(AIDS, 후천성 면역결핍 증후군)는 최근까지 2500만 명 이상의 사망자를 냈어요. 에이즈란 우리 몸에 있는 면역 세포가 에이치아이브이(HIV, 인간 면역결핍 바이러스)에 감염되어 나타나는 진행성 증후군입니다. 에이즈 환자는 면역력이 떨어지고 각종 감염성 질환과 종양에 취약한 상태가 됩니다. 에이즈는 성관계나 주사기의 공동 사용, 수혈 등을 통해 전염돼요. 또한 감염된 산모의 임신이나 분만 도중에, 혹은 감염된 엄마의 수유를 통해 태아나 신생아에게 전염됩니다.

또 하나의 치명적인 감염 질환은 에볼라 바이러스에 의한 에볼라 출혈열입니다. 1976년 콩고민주공화국 에볼라 강에서 처음으로 발견된 데서 유래한 명칭입니다. 에볼라 바이러스 감염 환자는 장기가 파괴되고 출혈이 일어나는 특징을 보이며, 단시간 내에 대부분 죽음에 이릅니다. 한때는 세계적인 유행병이 될 수 있다는 우려도 있었으나 현재까지는 아프리카 지역에 머물러 있어요.

▶▶▶ 진화하는 질병

한편 오래전부터 존재했던 병이 변형되면서 최신 의학기술을 무력화시키기도 합니다. 현재 5억 1500만 명이 앓고 있는 말라리아의 경우 해마다 100만 명 이상의 사망자를 내고 있어요. 말라리아는 암컷 모기가 옮기는 말라리아 원충이 일으키며 주로 더운 지방에서 발생해요. 새로운 처방이 제시될 때마다 말라리아는 그런 약에 저항성을 키워왔습니다. 비록 규모는 작지만 이와 같은 진화는 다른 질병에서도 나타나고 있어요. 병원 환경에서 주로 문제가 되는 엠알에스에이(MRSA, 메티실린 내성 황색포도상구균)와 클로스트리듐 디피실리균(C. difficile)이 그 예입니다. 질병과의 싸움에서 인간이 이겼다고 자만하는 순간 자연의 역습이 시작되는 셈이지요.

사스

2002년 사스(SARS, 중증급성호흡기증후군)라 불리는 폐렴 비슷한 질환이 유행하기 시작했다. 중국에서 처음으로 보고된 후 곧 홍콩과 베트남 등의 주변 국가로 퍼져 나갔고, 1년 후 기세가 꺾일 때까지 800명 이상의 사망자를 내면서 세상을 놀라게 했다. 사스 발생을 은폐하려던 중국 정부의 태도가 병의 확산을 가속시킨 면도 있었다. 중국은 국민들의 건강이 나빠지고 해외 관광객이 감소하면서 국가 경제에 심각한 타격을 입었다. 중국인들은 몇 달 동안이나 안면 마스크를 착용하고 다녀야 했다.

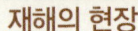

재해의 현장

자연재해가 발생하기 쉬운 특정 지역들이 존재한다. 지각판의 활동과 기후가 지역마다 다르기 때문이다. 이 지도에서 지진, 태풍, 홍수, 쓰나미, 화산 폭발, 기근과 같은 주요 재해의 거점을 추적해 볼 수 있다.

- 🟤 지진
- 🔵 홍수
- 🔴 화산 폭발
- 🟣 허리케인
- 🟢 쓰나미
- 🟡 기근
- 〰️ 판의 경계

북아메리카

샌프란시스코

뉴올리언스

미시시피 강

멕시코시티

플로리다 주

온두라스

니카라과

몬세라트

봉플레 화산

네바도 델 루이스 화산

침보테

남아메리카

칠레

〈미시시피 홍수(1993)〉

1993년의 대홍수(the Great Flood of 1993)라고도 불린다. 6월부터 7월에 걸쳐 폭우가 계속되면서 미국 미시시피 강 유역에 남북으로 800km, 동서로 300km에 이르는 광범위한 지역이 침수되었다. 일부 지역은 거의 200일이나 물에 잠겨 있었으며 가옥 5만 채, 농경지 7,000km²가 침수 피해를 입었다.

〈허리케인 카트리나(2005)〉

카트리나는 2005년에 미국을 뒤흔든 허리케인이었다. 미국 뉴올리언스 시를 둘러싸고 있던 제방이 폭풍우 속에 무너지면서 폰차트레인 호수와 미시시피 강의 물이 시내로 넘쳐들어 1,000여 명의 사망자를 냈다. 피해액이 2000억 달러에 상당했고, 루이지애나 주뿐만 아니라 미시시피 주와 앨라배마 주에까지 영향을 끼쳤다. 카트리나는 피해액과 파괴력 모두에서 미국 최고의 자연재해라는 기록을 세웠다.

〈몬세라트 화산 폭발(1995)〉

카리브 해의 작은 섬 몬세라트의 수프리에르 화산이 350년 만에 폭발했다. 2년 후 1997년에 다시 시작된 분출로 수도 플리머스가 황폐화되어 11,000명의 주민 중 3분의 2가 섬을 떠나 대부분 영국이나 미국에 새로 자리를 잡았다. 그 후로도 화산은 쉬지 않았고 2003년 7월에도 분출이 있었다. 섬의 절반 이상이 앞으로도 10년 이상 거주가 불가능한 상태다.

〈이란 밤 지진(2003)〉
리히터 규모 6.5의 지진으로 사망자가 2만 6천 명, 부상자가 3만 명에 이르렀다. 도시의 85%가 파괴되었고 주민 7만 5천 명이 집을 잃고 거리로 나앉았다.

〈파키스탄 지진(2005)〉
리히터 규모 7.6의 지진으로, 카슈미르가 가장 큰 피해를 입었다. 진앙이 지표와 매우 가까웠던 탓에 피해 규모가 극대화되어 8만 명에 이르는 사망자가 발생했다.

유럽

베수비오 화산
이즈미트
시칠리아 섬

카나리아 제도

아프리카

아시아

황하
양쯔 강
고베

이란 밤
파키스탄
카슈미르
방글라데시

스리랑카
타이
수마트라 섬

에티오피아

앙골라
잠비아
탄자니아
모잠비크

오스트레일리아

〈에티오피아 기근(1984~1985)〉
가뭄으로 촉발된 대규모 기근이 에티오피아 북부를 휩쓸었다. 농작물 부족에다 내전으로 구호물자 공급까지 가로막히면서 피해가 확산되었다. 계속된 가뭄과 정치적 불안정이 기근을 가중시켜 대략 100만 명 이상이 사망한 것으로 추산된다.

〈아시아 쓰나미(2004)〉
수마트라 섬 근처 해저에서 발생한 리히터 규모 9.15의 지진이 일으킨 쓰나미가 인도양 전역으로 퍼져 나갔다. 거의 10분간 지속된 지진이 발생시킨 진동은 1만 km 이상 떨어진 알래스카 지역을 흔들리게 할 정도였으며, 인도양을 건너 아프리카 해안까지 영향을 미쳤다. 쓰나미 여파로 28만 명의 사망자가 발생했다.

기근

 가뭄 등의 자연 요인 때문에 식량 공급이 극적으로 감소하는 것도 자연재해에 속해요. 상당 기간 비가 내리지 않는 데다 물을 공급할 다른 방법도 없다면, 작물이 말라 죽고 사람들은 굶주림에 내몰리게 됩니다.

 하지만 가뭄이 잦은 지역의 사람들은 비상식량을 준비한다든가 이웃 지역과 물물교환을 한다든가, 또는 저수지나 관개 시설을 적극적으로 운용하는 등의 전통적인 생존 지혜를 갖고 있기 마련이에요. 그런데 전쟁이 발발하거나 난민 문제로 배급 체계가 교란되거나 인구가 급격히 증가하여 이러한 대처 수단들이 제대로 작동하지 않는 경우엔 상황이 악화될 수밖에 없습니다.

가뭄은 기근의 주원인으로, 아프리카와 아시아에서 가뭄 피해가 잦다.

2005년, 니제르는 가뭄에다가 메뚜기 떼까지 덮치면서 심각한 식
량 부족 사태를 겪었다.

본디 자연재해에 취약한 환경에 이런 돌발 요인들까지 가세하면서
위기가 닥치는 것이지요. 1980년대에 아프리카의 뿔이라 불리는 에티
오피아와 소말리아에서 가뭄과 내전 등의 문제가 한데 겹쳐 거의 100만
명에 가까운 기근 사망자가 났어요. 역사상 최악의 기근은 1876년에서
1879년까지 중국에서 발생했으며, 이때 무려 900만 명이 사망했답니다.

▶▶▶ 해충과 병해

때로는 작물에 돌림병이 돌면서 기근이 일어나기도 해요. 1845년 아일랜드에서는 감자마름병이 유행하여 생계작물인 감자가 단숨에 파괴되고 말았어요. 이때의 대기근으로 아일랜드 국민 800만 명 중 100만여명이 사망하고, 150만여 명이 이민을 떠났다고 합니다.

메뚜기와 같은 벌레나 해충도 작물에 해를 입힙니다. 2004년에는 메뚜기 떼가 북부 아프리카를 휩쓸고 지나가면서 거의 모든 작물을 먹어치운 일도 있었어요. 유엔식량농업기구는 당시 메뚜기 떼와의 싸움에 1억 2200만 달러가 투입되었고, 작물 피해가 무려 25억 달러에 달한 것으로 추정하고 있습니다. 메뚜기 떼가 창궐한 역사는 깊은데, 성경에서도 기원전 1300년에 발생한 재앙을 기록하고 있을 정도예요.

2

CHAPTER

재해가 닥쳤을 때

엄청난 재해는 막대한 인명 손실로 직결되지요. 재앙에서 살아남은 사람들에게는 신속한 구호가 필요합니다. 삶의 토대인 주택과 일터가 파괴되었을 뿐더러 물, 전기, 도로, 통신 체계 또한 망가진 경우가 많기 때문이에요. 장기적으로 보자면, 재해의 생존자들은 그 기억을 평생 떠안고 살아야 하므로 정신적인 문제도 고려해야 합니다.

재앙에 따라서는 사전에 징후가 나타나 사람들이 최악의 상황에서 대피할 수 있게 해주는 경우도 있지만 아무런 경고도 없이 갑자기 재앙이 들이닥치는 경우도 많습니다. 엄청난 재해는 막대한 인명 손실로 직결되지요. 재앙에서 살아남은 사람들에게는 신속한 구호가 필요합니다. 삶의 토대인 주택과 일터가 파괴되었을 뿐더러 물, 전기, 도로, 통신 체계 또한 망가진 경우가 많기 때문이에요. 장기적으로 보자면, 재해의 생존자들은 그 기억을 평생 떠안고 살아야 하므로 정신적인 문제도 고려해야 합니다.

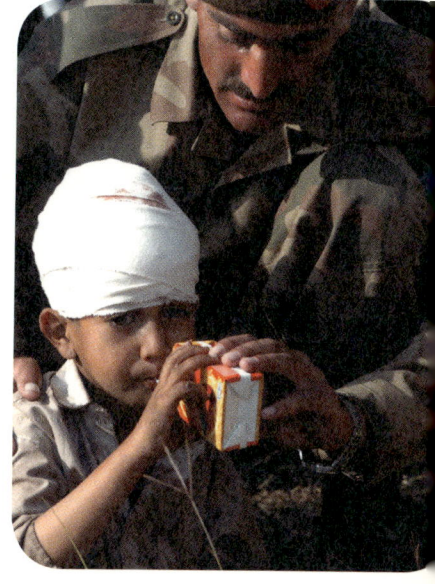

재난이 훑고 간 뒤에는 피해자를 돌보는 일이 가장 시급하다.

즉각적인 여파

현대 과학 기술의 발달로, 우리는 앞으로 일어날 자연재해를 어느 정

구조대가 재난 현장에서 처음 맞닥뜨리는 것은 무질서와 대혼란이다.

도 예측할 수 있게 되었습니다. 화산에서 움직임이 증가하는 것을 감지
해 화산 활동을 예측하고, 허리케인이 시작되는 것을 위성 사진으로 포
착할 수 있어요. 하지만 지진 같은 몇몇 재해는 여전히 예측하기가 어
렵습니다.

자연재해가 일어나면 대개 사망자나 부상자가 발생합니다. 생존자
들 또한 사랑하는 이들의 죽음, 주택과 직장의 파괴, 지역 사회의 붕괴
라는 고통을 겪어요. 생존자들이 받는 고통은 장기적으로 이어집니다.

이전과 같은 건강이나 가정, 직장을 회복하기 어려운 경우가 많고, 마음의 상처를 어쩌면 평생 짊어져야 하니까요.

재해가 들이닥치면 누구나 우선 생존에 매달리게 됩니다. 자연재해는 엄청난 혼돈을 몰고 오며 사람들은 자신을 둘러싼 세계가 붕괴되는 것을 봅니다. 이때 사람들은 상황 판단과 실행을 신속히 해야 살아남을 수 있어요. 가령 지진이 났을 때는 재빨리 튼튼한 책상 밑이나 안전한 장소로 대피해야 합니다.

피해자 구조

재해가 나면 바로 구호가 시작되어야 합니다. 생존자들은 가장 먼저, 갇혀있거나 구조를 기다리는 사람들을 수색해야 합니다. 하지만 그들 자신도 피해를 당했기에 이런 일에 직접 나서기에는 힘이 부치거나 여전히 충격에 휩싸여 있을 것입니다. 멀쩡하던 집이 무너진 폐허 속에서 사랑하는 사람까지 잃고 나면 슬픔과 공포로 갈피를 잡지 못하기 마련이지요.

다행히도 최근엔 국제 통신체계가 발달한 덕분에 지구촌의 자연재해 소식은 신속하게 전파되고, 각국에서 파견하는 구조대도 현장에 빨리 도착합니다. 국제기구는 구조 활동을 조직화하고, 세계 각지에서 전문가 팀을 꾸려올 수도 있어요. 식량과 의료품 등의 물자가 배급되고 의사, 간호사, 소방관, 건축·토목·전기 기술자와 같은 전문가들이 힘을 합쳐 사람들이 일상으로 복귀할 수 있도록 돕습니다.

그렇지만 구호 활동이 항상 순조롭지만은 않습니다. 너무 멀리 떨어져 있거나 접근하기 곤란한 지역이 존재하기 때문이에요. 때로는 해당 국가의 정치 문제가 긴급한 구조 활동을 가로막고 어려움을 주는 경우도 있어요.

구호 기관의 주 임무는 열감지 장치·청음기·구조견·굴삭 장비 등을 이용해 갇혀 있는 사람들을 구조하는 것입니다. 또한 대원들은 부상자를 응급 치료해야 합니다. 사망자 수가 많으면 부상자 수는 훨씬 많기 마련이며, 부상도 심각한 상태일 경우가 많아요. 그리고 생존자들은 대피처와 식량, 담요, 의복이 필요합니다.

구조 활동을 원활하게 진행하려면 가용 자원을 적극적으로 활용해야 해요. 군대, 경찰, 방재 기관, 구급차, 건강 및 응급구조 전문가, 자원봉사자, 운송 수단(트럭·버스·헬리콥터·비행기), 막힌 길을 뚫어야 하는 불

구호단체는 자연재해 피해자들에게 식품과 의약품을 가능한 한 빨리 전달하기 위해 최선을 다하고 있다.

잘못된 우선순위

1902년에 서인도 제도에 있는 프랑스령 마르티니크 섬에서 몽플레 화산이
폭발하였다. 그 결과 상피에르 시가 초토화되었고, 주민 3만 6천 명 거의 전부
가 사망했다. 화산 폭발의 전조가 너무나 분명했지만 선거를 앞두고 있던 당국
이 대피에 늑장을 부리다가 당한 재앙이었다.

5월 8일 아침, 붉은 화산재 구름이 하늘을 덮었고 구름 아래로는 대규모 폭
발로 815°C에 이른 연소 가스가 들어차면서 도시를 폐허로 만들었다. 시계는
오전 7시 50분에 멈춘 채 녹아내렸다. 생존자 세 명 중 한 사람은 재판을 기다
리던 죄수였는데 두꺼운 감방 벽 덕분에 죽음을 피할 수 있었으며, 사흘 뒤에
가까스로 구조되었다. 그에게 내려진 신의 판결을 차마 거역할 수 없었던지 당
국은 이 죄수를 석방했다.

2004년 쓰나미: 넘쳐난 구호품

2004년 12월 26일 아침, 쓰나미가 타이 해안을 강타했다는 소식에 마음을 졸이던 세상 사람들은 곧 극심한 재난이 발생했다는 사실을 알게 된다. 수마트라 섬 서부에서 강력한 해저 지진이 일어나 쓰나미가 생성되었고, 이 쓰나미로 타이에서만 1만 1천 명이 사망했고, 수마트라 섬 북부 아체지방에서는 최소한 17만 명이 사망했다. 쓰나미는 또한 인도양을 가로질러 인도에서 1만 6천 명, 스리랑카에서 3만 8천 명의 사망자를 냈다. 공식적인 사망자 수는 17만 5천 명이었지만 실제 희생자는 28만 명을 넘어선 것으로 추정된다.

각국 정부와 일반인들이 기부한 막대한 재정과 물자에 힘입어 초 대규모의 구조 활동이 시작되었다. 재해 소식은 세계 곳곳으로 빠르게 퍼져갔고, 희생자 중에 서양 관광객이 포함되어 있다는 사실이 알려지면서 서양 사람들의 기록적인 기부가 뒤따랐다.

재해가 발생한 지 얼마 지나지 않아 의료구호단체 '국경없는 의사회'는 이번 구호에 사용하고도 남을 정도의 기부가 답지했음을 발표했다. 그러면서 구호를 필요로 하는 다른 지역에 초과 금액을 전용할 수 있도록 해달라는 제안을 하고 나섰다.

물론 어떤 방법으로도 유가족과 생존자의 아픔을 계산할 수는 없고, 그들의 고통은 오랫동안 지속될 것이다. 그러나 그런 재앙이 닥치지 않은 지구의 다른 쪽에서도 수많은 생명이 죽어간다. 아프리카에서는 매달 평균 28만 명이 에이즈와 말라리아로 사망하지만 그들에게 관심과 구호의 손길은 거의 미치지 않고 있다.

도저를 포함하여 통신 체계, 대피처, 의약, 식량, 재정적 기부에 이르기까지 온갖 요소가 동원됩니다.

이는 어마어마한 과업이지만 매우 신속하게 이루어져야 합니다. 왜냐하면, 가령 지진 피해자의 90퍼센트가 24시간 안에 사망하기 때문이에요. 하지만 재해 지역이 광범위하거나 산악지라면 적절한 통합 관리에는 숱한 어려움이 따릅니다. 2005년 인도 카슈미르 지진 당시, 피해자 상당수는 식량, 대피소, 의료 지원도 없이 현장에 몇 달 동안이나 방치되다시피 했어요.

초기 대응

적절한 구호 조치가 빨리 이루어지지 않으면 재해 피해자들이 입은

2005년 허리케인 카트리나로 고립된 생존자들에게 접근하기 위해서는 대단한 노력이 필요했다.

충격은 곧 절망과 분노로 변합니다. 그리고 구호물자가 질서 정연하게 배급되지 않으면 사람들은 물자를 놓고 싸움을 벌일 것입니다. 질서를 유지하고 약탈과 싸움을 통제하기 위해 군대 투입을 고려해야 할 때도 있지요.

시간이 지나면서 잔해 속에서 생존자를 찾아낼 확률은 점차 감소해요. 그렇더라도 구조 작업은 계속되어야 합니다. 지진 후 무너진 건물 더미에서 생존자들이 2주간이나 버틴 기록도 있기 때문이에요.

한편 사체와 부상자가 광범위하게 넘쳐나는 상황에서는 질병이 발

재난 상황이 악화되지 않으려면, 구호품의 질서 정연한 분배가
필수적이다.

생할 가능성이 증가합니다. 특히 깨끗한 물 공급이 중단되고 위생 설비
가 파괴된 경우라면 더욱 그러해요. 1988년 방글라데시의 수도 다카를
휩쓸었던 홍수로 5,000명이 사망하였고 2100만 명이 집을 잃었으며 16
만 명이 감염성 질병으로 고통받았습니다. 2005년에 미국 뉴올리언스
가 허리케인 카트리나 때문에 폐허로 변했을 때도 질병의 공포가 엄습
했어요. 하수, 기름, 사람과 동물의 사체로 오염된 물 속에 도시가 잠겨
있었기 때문이지요.

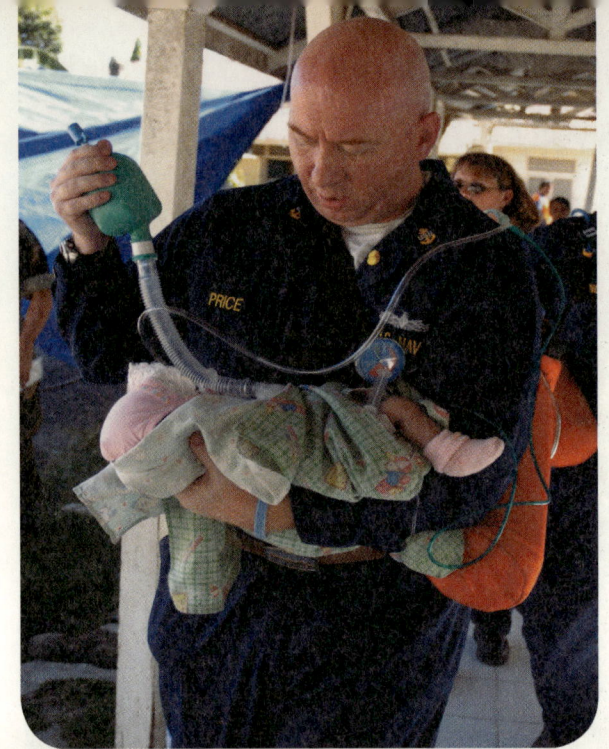

군인들은 긴급 구호 때 결정적인 역할을 할 수 있다. 사진에서는 미국 해군 병사가 인도네시아 지진으로 피해를 입은 아이에게 의료 조치를 하고 있다.

　사체를 처리하는 일도 중대한 문제입니다. 사체를 빨리 그리고 안전하게 매장해야 하지만, 쉽지 않은 일이에요. 가령 사체의 신원을 확인할 수 없거나, 외국인 사망자를 본국으로 이송해야 하는 경우도 많지요. 2004년 아시아에 쓰나미가 엄습했을 때, 타이는 수천 구의 시체를 냉동고와 트럭에 보관한 채 신원 파악을 위해 몇 달에 걸쳐 검사를 실시했답니다.

　또 다른 대형 재해의 후유증으로 식량 문제가 있어요. 작물과 농경지가 완전히 망가지면서 식량 공급이 긴박해지고, 길게는 몇 년 동안 식량

부족 사태가 이어집니다. 옛날에는 자연재해 자체보다, 뒤따르는 기근으로 훨씬 더 많은 사람이 목숨을 잃었어요. 예컨대 1815년 인도네시아 숨바와 섬의 탐보라 화산이 폭발했을 때, 섬 수민 중 1만 2천 명이 사망하고 26명이 살아남았습니다. 그런데 인근 섬에서 이보다 훨씬 많은 8만 명이 기근으로 사망했어요. 바로 화산에서 분출된 방대한 화산재가 인근 섬의 농가와 어장을 황폐화시켰기 때문이지요.

다행히도 오늘날의 국제단체들은 피해지역이 복구될 때까지 비행기와 배를 이용하여 제때 식량을 공급하려고 노력합니다. 하지만 여러 사정으로 구호 대응이 늦어지게 되면 기근의 위기가 현실이 되고 말아요. 2005년 니제르 기근 때는 국제 구호가 늦어지면서 절망적 상황이 이어졌었지요.

사라진 사람들

대도시 지진이나 쓰나미 같은 대형 재해 때엔 사람들이 실종되는 일이 흔히 발생합니다. 고층건물의 잔해 밑으로 사라지거나 겁에 질려 대피하던 군중 속으로 없어지거나 엄청난 파도에 휩쓸려가 버리는 것이지요. 사람이 죽었는지 살았는지 아무도 알 수 없는 상태에서 가족들은 병원, 구호소, 영안실을 찾아 헤맵니다. 또 가족들은 사랑하는 사람을

허리케인 카트리나: 피할 수 있었던 재해

2005년 9월, 허리케인 카트리나가 미국 남부 해안을 강타했다. 폭풍 해일로 바다가 넘치면서 뉴올리언스 시의 제방이 무너졌다. 홍수로 수백 명이 사망하고 50만 명 가까운 사람들이 정든 집을 버려야 했다. 연방 정부와 주 정부는 곧 비판에 직면하였다. 늑장 대응이었던 데다, 널리 예견된 재난이었건만 경고에 주의를 기울이지 않았던 탓이다.

사전에 전방위 비상계획이 수립되어 있었음에도 미국연방비상관리국(FEMA)은 이 계획을 실행에 옮기지 않았다. 예를 들자면, 당시 대피하는 데 도움이 필요한 주민인 빈곤층, 노약자, 환자가 적어도 10만 명에 이르렀다. 그런데 사태 발생 나흘이 지나도록 이렇다 할 구조대가 나타나지 않았던 것이다.

당국은 카트리나로 최소 2000억 달러에 달하는 복구 자금을 마련해야 했고, 수십만 이재민은 장기적인 고난을 감내해야 했다. 이와 같은 사고에서 가장 고통을 받는 계층은 항상 최하위 빈곤층임이 다시 한 번 증명되었다. 자동차가 없는 사람들은 먼 길에 피난을 나설 수가 없었다. 버스 차비조차 없거나 운 좋게 차를 타고 빠져 나왔지만 정작 갈 곳이 없는 사람들도 많았다.

찾는 데 누군가가 도움을 줄 것이라 기대하며 사진을 넣은 벽보를 붙이고 다닙니다. 부모가 사망해서 홀로 남겨진 유아나 영아의 경우에는, 아이의 신원을 파악하기가 특히 어렵습니다. 게다가 재해 난민들이 넓은 지역으로 뿔뿔이 흩어진 경우라면 상황은 더욱 악화됩니다. 때로는 전화가 불통되는 등 통신체계 전반이 붕괴되면서 실종자가 발생합니다. 가끔은 실종자가 발견되어 마침내 헤어졌던 가족을 다시 만났다는 소식이 들려옵니다. 하지만 실종자가 결국 살아남지 못했다는 것을 알게 되며 비극으로 끝이 나거나, 혹은 아무도 실종자의 운명을 모른 채 애매하게 상황이 종결되는 경우도 빈번해요.

빈부의 차이

빈부에 따라 재해의 영향을 받는 정도가 달라져요. 선진국의 경우는 가옥이 상대적으로 견고하고, 병원과 비상대책기구도 많고, 재해 대비책과 통신 시설도 제대로 갖춰져 있습니다. 미디어, 특히 텔레비전 방송을 통해 사람들에게 위기 상황을 즉시 전파하고 구호와 기부에 참여할 것을 독려하기가 쉬워요. 운송 시스템이 발달한 덕분에 부상자들은 신속히 대피할 수 있으며 현장에 구호물품도 빨리 전달되지요. 이와 대조적으로 개발도상국에는 적절한 인력, 장비, 체계, 물품이 없어 대응이 더딥니다. 따라서 대체로 국제 구호에 의존할 수밖에 없어요. 하지만 선진국이라 해서 항상 준비되어 있는 건 아니에요. 허리케인 카트리나는 미국 최악의 재해로 오점을 남겼답니다. 세계 최고의 부국으로 분류되던 미국도 이러한 재난에 신속하고 적절하게 대응하지 못했던 것이에요.

CHAPTER

3

재 해 후 새 출 발

재앙이 닥치면 사람들은 그 타격에 고통스러워하지만 결국 삶을 다시 세우고 나아가 재
해로부터 교훈을 얻기까지 하지요. 자연재해를 겪고 난 뒤에도 전과 변함없는 사람은 없
어요. 이런 변화를 통해 우리는 자연에 대한 새로운 세계관을 정립해 갈 것입니다.

인간은 적응력이 뛰어난 존재입니다.

오래 전부터 우리는 수많은 자연재해를 겪으면서도 살아남았어요. 고고학적 연구 결과에 따르면 재해는 전 세계 어디에서든 일어났어요. 과거에 재해가 계속 발생한 것처럼 앞으로도 재해는 계속될 거예요. 재앙이 닥치면 사람들은 그 타격에 고통스러워하지만 결국 삶을 다시 세우고 나아가 재해로부터 교훈을 얻기까지 하지요. 자연재해를 겪고 난 뒤에도 전과 변함없는 사람은 없어요. 이런 변화를 통해 우리는 자연에 대한 새로운 세계관을 정립해 갈 것입니다.

허리케인 미치

1998년 10월과 11월에 걸쳐 들이닥친 허리케인 미치는 기록상 첫째냐 둘째 냐를 겨룰 정도의 초강력 허리케인으로, 중앙아메리카를 강타해 시가지 도로를 죽음의 강물로 만들어 버렸다. 허리케인 미치는 니카라과를 가로질러 온두라스, 엘살바도르, 과테말라를 지나면서 도시와 도로, 교량, 농경지를 진흙더미로 파묻었고, 1만 8천 명의 사망자를 냈다. 도로와 통신망을 제대로 복구하기까지는 장기간에 걸쳐 대규모 투자가 필요했다. 바나나 농장 같은 고수익성 농경지가 집중적으로 파괴되었으며 지금까지도 일부 지역은 이전의 상태를 회복하지 못하고 있는 실정이다.

복구

허리케인, 지진, 쓰나미가 무너뜨린 건물 잔해 앞에 서면 누구라도 이 폐허를 어떻게 복구해야 할지 한숨부터 나올 겁니다. 사체를 매장하고 부상자를 구호하느라 부산하다가 응급구조반이 철수하고 나면, 생존자들은 비로소 자신들이 헤쳐 나가야 할 현실에 직면합니다.

엄청난 일들이 기다리고 있어요. 건물을 다시 짓는 것뿐만 아니라, 도시를 유지시켜주던 복잡한 기술체계, 즉 전기, 상하수도, 통신시설, 도로, 교통을 복구해야 하지요. 이 모든 것이 생활 근거지에 돌아온 당사자들이 직접 해야 할 일입니다. 예전과 같아지려면 직장, 점포, 의료기관, 학교도 복구되어야 해요. 요컨대 도시의 문명 생활을 유지하기 위한 모든 복잡한 체계를 다시 갖추어야 하는 셈인데 결코 쉬운 일일 수가 없어요.

공장 또는 관광객을 끌어들이던 해변과 호텔 등 지역의 경제적 기반이 재해로 무너져 버렸기에 주민들이 다시는 생활비를 벌지 못할 수도 있어요. 또한 재건을 추진할 인력이 부족한 때도 생깁니다. 자연재해로 인구가 크게 감소할 수 있으니까요. 즉 사망자가 많거나 혹은 대피한 사람들이 무너진 고장으로 다시 돌아오지 않는 경우가 많습니다. 여러 이유로 귀향이 불가능해서일 수도 있고, 고통스러운 현장으로 돌아가고 싶지 않아서이기도 해요.

▶▶▶ 보이지 않는 피해

자연재해는 사람들에게 깊은 정신적 충격을 안깁니다. 대다수의 희생자는 눈앞에서 겪었던 충격에서 헤어나지 못한 채 정신적 장애(트라우마)에 시달려요. 이러한 외상 후 스트레스 장애[6]는 악몽이나 영구적인 불안의 원인이 되기도 하지요.

피해자들은 사랑하는 사람을 잃었을 수도 있고 심지어는 사랑하는 이가 비참하게 죽어가는 모습을 보았을 수도 있어요. 재산도 잃고 가족 사진, 책과 같은 추억거리와 금융 자료, 여권, 신분증 등의 사생활 기록까지 없어졌을 수 있어요. 생계를 지탱하기 위해 필요한 직업조차도요. 말하자면 생존자는 자신이 누구인지 상기시켜 줄 거의 모든 것을 잃고 정체성의 혼란을 겪는 것이지요. 물론 이런 상황을 극복해내는 사람도

---

6 외상 후 스트레스 장애(Post-Traumatic Stress Disorder, PTSD)는 신체적인 손상과 생명의 위협을 받은 사고에서 정신적으로 충격을 받은 뒤에 나타나는 질환이다. 주로 일상생활에서 경험할 수 있는 범위를 벗어난 사건들, 이를테면 천재지변, 화재, 전쟁, 신체적 폭행, 고문, 강간, 인질사건, 소아 학대, 자동차, 비행기, 기차 등에 의한 사고, 그 밖의 대형사고 등을 겪은 뒤에 발생한다. 증상이 나타나는 시기는 개인에 따라 다른데, 충격후 즉시 시작될 수도 있고 수일, 수주, 수개월 또는 수년이 지나고 나서도 나타날 수 있다. (출처: 위키백과)

카리브 해의 작은 섬, 몬세라트(Montserrat)

그동안 휴화산으로 분류되어 있던 카리브 해의 몬세라트 섬 수프리에르 화산이 1995년에 분출을 시작하더니 1997년 분출 때는 수도 플리머스를 파괴해 버렸다. 섬의 영유권을 가진 영국 정부는 마땅히 다른 수가 없었기에 주민들에게 안전을 위해 대피를 명했다. 1만 1천 명 주민 중 3분의 2가 섬을 떠났고 대부분 영국으로 건너가 시민권을 부여받았다.

이후에도 이따금 수프리에르 화산에서는 폭발이 발생했다. 2006년 5월에는 화산 분출로 화산재 구름이 상공을 뒤덮어 비행기 결항 사태가 잇따라 발생했다. 2007년 1월에도 화산재와 가스가 8,000m 상공까지 치솟은 분출이 있었다. 2010년에도 폭발이 재개되어 특히 2월 11일에는 15,000m 상공까지 분출물이 솟아올라 화제가 되었다. 이때 뿜어져 나온 화산가스 및 쇄설물이 인근 바다 300~400m 밖까지 퍼져 나갔다. 폭발의 여파로 화산 북쪽에 위치한 해리스 마을의 건물 상당수가 파괴되었지만 다행히 인명 피해는 없는 것으로 전해졌다.

있겠지만, 어떤 이들은 평생 충격의 그림자 속에서 살아갑니다.

이때 생존자들은 정부가 관할하는 전문 기관으로부터 도움을 받을 수 있어요. 정신적 장애를 치료해 줄 전문가를 만나거나 보상금을 받기도 하지요. 때로는 종교 활동이 생존자에게 위로가 될 수 있습니다. 어떤 생존자에게는 독실했던 신앙이 재해와 함께 파괴되기도 하지만요.

▶▶▶ 복구의 여정

복구 작업을 얼마나 효과적으로 조직하느냐에 따라 복구 성공·여부가 결정됩니다. 극도의 혼란 속에서 질서를 회복하여 분명한 목표에 집중해야 합니다. 제대로 된 정부라면 인력과 자원을 적절하게 배치하고,

2004년 아시아 쓰나미와 같은 대규모 재해 후에, 피해자들은 폐허 복구 작업에 직접 나설 수밖에 없다.

사태를 수습할 유능한 담당자를 선발해야 하겠지요. 유엔을 비롯한 다양한 국제기구를 통해 전달된 구호 기금과 이런 조직에서 파견된 전문가들을 적극적으로 활용하여 재건에 착수해야 합니다. 재해가 발생할 때를 대비해 들었던 민간 보험이나 사회 보험에서 지급되는 보험금으로 복구 자금을 마련할 수도 있어요.

재해가 발생한 직후, 현장에는 국내의 시민들과 해외로부터 호의에 기반한 구호의 손길이 몰려듭니다. 하지만 시간이 흘러 몇 달, 또는 몇 년이 지나면 세상은 다른 데로 관심을 돌리므로 현장 상황은 힘겨워지지요.

복구는 길고 느린 여정입니다. 누가 복구 사업 권한을 가져야 하는지, 기금이 어떻게 사용되어야 효율적인지를 놓고 정치 주체들 사이에서 우선순위 논쟁도 시작되지요. 이렇게 되면 종종, 재해 직후 몰려들었던 호의와 배려가 언쟁, 원망, 비리 고발 등으로 얼룩지고 맙니다.

한 예로, 2004년에 스리랑카를 휩쓸었던 쓰나미 현장에서는 지방 공무원들이 자신의 지지자들, 심한 경우 쓰나미 피해자가 아닌 사람들에게까지 편파적으로 구호품을 배급하여 문제가 되었습니다. 정부 역시 피해를 입은 어부들에게 돌아가야 할 구호 자금을 호텔을 신축하는 등 여행업으로 돌림으로써 구설수에 휘말렸어요.

종교 단체가 분열을 조장하는 경우도 있습니다. 자연재해는 희생자들의 사악함을 벌하기 위한 신의 계시라고 주장하는 종교 집단은 늘 있어 왔지요. 특히 과거에 이러한 일이 많았습니다. 아마도 대다수 사람들이 '자연재해가 신의 징벌은 아니다'라고 생각한 최초의 대규모 자연재해는 1906년 샌프란시스코 지진이었을 거예요. 하지만 이런 재해가 하늘이 내린 벌이라는 목소리는 아직도 남아 있어요. 2004년 아시아 쓰나미, 2005년 미국 허리케인 카트리나와 파키스탄 지진 때에도 그런 주장이 있었답니다.

구호와 관련한 문제

자연재해는 대중의 동정심을 크게 자극합니다. 그러다 보면 개인과 단체의 기부액이 정부의 구호 기금을 부끄럽게 할 정도로 많아, 뒤늦게 정부가 재해 구호에 박차를 가하기도 합니다.

2003년 이란 밤 지진 당시, 미국 측에서 설치한 야전병원에 이란 정부 관료가 방문하고 있다.

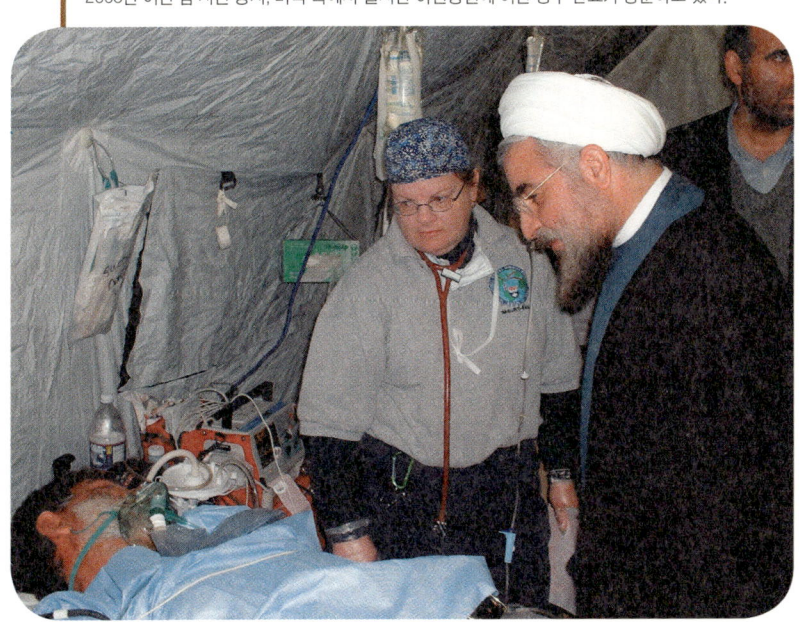

재해 발생 때 국가 간 기부액은 평상시 양국 관계가 어떠한가에 따라 영향을 받습니다. 하지만 개인 기부자는 국가 간에 동맹 관계가 있느냐 하는 정치적인 관점에서보다는 더욱 관대한 의도에서 행동하는 경향이 있어요.

2003년 이란의 밤 시에서 지진으로 2만 6천 명이 사망하고 3만 명 이상의 부상자가 났을 때, 미국은 11억 달러의 지원을 약속했습니다. 그러나 1년 후 미국으로부터 실제로 수령한 금액은 1750만 달러에 불과했다고 이란 정부 관계자가 밝힌 바 있어요. 이는 이란과 서구 세계가 반미주의나 핵개발 계획 등으로 상당히 껄끄러운 관계에 있었기 때문일수도 있어요. 보통 이러한 정치적 문제는 국가 간의 구호 강도를 약화시킵니다.

구호 자체에 따르는 문제도 있어요. 구호 단체들은 재해가 발생했을 때 단순하게 현장에 들어가 잠깐 도움을 주다가 빠져나오는 행동은 바람직하지 않다는 것을 배웠어요. 그리 했다가는 재해로 이미 취약해진 지역 경제를 아예 무너뜨릴 수도 있기 때문이에요. 지역의 상황을 세심히 고려하지 않고 의복, 약품, 천막, 담요를 무료로 제공하면, 그런 품목을 팔면서 생계를 유지해 왔던 사람들을 서서히 몰락시킬 수 있습니다. 가뭄 피해자를 위해 설치된 구호소에서 제공하는 무료 급식이 장기적으로는 지역의 경작과 농경 생활을 뿌리째 흔들 수도 있는 일이고요. 그러므로 구호는 그저 선의의 시도로만 족한 것이 아니라 신중한 기획이어야 합니다.

교훈 얻기

재해 피해를 입은 지역 중에는 복구에 실패하거나 복구할 수 없을 정도로 타격을 입은 경우가 있습니다. 미국 텍사스 주의 대도시 갤버스턴은 대단히 풍요로운 도시였지만, 1900년에 엄청난 허리케인이 도시를 휩쓸고 난 후 복구가 제대로 되지 않아 휴스턴에 중심지 자리를 내주고 말았어요. 1985년에 콜롬비아에서는 네바도 델 루이스 화산이 폭발하면서 아르메로 시에 화산이류가 덮쳐 시가지의 대부분이 묻히거나 사라졌어요.

재해를 당한 후 빨리 회복하는 지역들도 많습니다. 대개 잘 사는 나라가 가난한 나라보다 훨씬 빨리 현장을 복구해요. 일본 고베 시의

2004년 쓰나미가 휩쓸고 간 스리랑카에서 건설 기술자들이 피해 지역에 학교를 세우고 있다.

경우 1995년에 대지진이 있었지만 지금은 완전히 복구되었지요.

자연재해가 발생한 지 오래지 않아, 재해 당사자가 아닌 사람들은 충격의 기억을 희미하게 지운 채 마치 그런 일이 일어나지 않았던 듯이 행동합니다. 그러나 다행히 피해 당사자들만은 그 일을 완전히 망각하지

않으므로, 차후에 닥칠지도 모르는 재해에 보다 잘 대비할 수 있습니다. 그런데 피해 당사자들마저도 언제나 현명하게 대비할 것이란 보장이 없어요. 사람들은 너무나 자주, 재해의 기억을 치워두고 무작정 재해가 다시는 발생하지 않으리라 믿으니까요.

자연재해에 긍정적인 면이 있을까?

자연재해는 종종 생활에 필요한 혜택을 선물하기도 한다. 바로 이런 점이 재해 가능성이 다분한 장소임에도 많은 인구가 모여 살고 있는 이유다. 가령 화산토는 매우 비옥해서, 칠레 푸콘의 비야리카 화산(66쪽 사진)의 경사면이나 화산섬에서는 농경이 발달하여 인구가 밀집해 있다.

강에 홍수가 발생하면 강 유역에 양분이 풍부한 토사가 운반되므로 주변 농경지가 비옥해진다. 예컨대 이집트의 나일 강과 중국 양쯔 강이 주기적으로 범람하여 근방이 매우 비옥한 경지가 되었고, 그래서 이 두 지역이 인류 문명의 발상지가 될 수 있었다. 그렇지만 강 유역에 살고 있는 대다수 주민들에게 홍수는 여전히 위협적이다. 사람들은 나일 강의 범람을 막기 위해 아스완 댐을 만들었고, 양쯔 강의 관리를 위해 삼협 댐을 만들었다.

초지나 건조한 잡목지 같은 특정 생태계는 때때로 불을 필요로 한다. 다양한 식물군을 보존하고, 공격적이거나 이례적인 식물의 번성을 견제하기 위해서다. 또 어떤 식물의 씨는 꼭 산불이 난 다음에야 싹을 틔운다.

사람들은 자연재해가 발생하면 충격과 고통에 빠진다. 하지만 결국에는 새로운 출발을 자극받으며 변화와 개선의 길로 나아간다. 크로아티아의 두브로브니크 시는 1667년 지진으로 파괴되었다. 그러나 시민들은 주저앉지 않았고, 재건축을 통해 두브로브니크를 바로크 양식의 건축물로 이름난 도시로 만들었다.

방재 대책

우리는 이제 상낭수의 사언재해가 일징한 양식을 따른다는 사실을 알기에, 디기울 지연 재해에서 사상자나 피해 규모를 줄이기 위해 미리 조치를 취할 수 있습니다.

우리는 이제 상당수의 자연재해가 일정한 양식을 따른다는 사실을 알기에, 다가올 자연재해에서 사상자나 피해 규모를 줄이기 위해 미리 조치를 취할 수 있습니다. 재해를 불러오는 자연현상을 연구하고 경보를 위한 시설과 장비를 준비하며, 위협에 견딜 수 있도록 건물 설계 등에 변화를 주는 것이지요. 대피 절차를 손질하고 사람들에게 생존법을 교육하며 비상대응책을 기획할 수도 있어요. 사람들은 정부나 관계 당국이 예상 가능한 자연재해에 대해서 일정한 수준의 보호 대책을 마련해 줄 것을 기대합니다.

지구의 진동을 탐지·기록하는 지진계는 지진 발생을 예측하는 데 쓰인다.

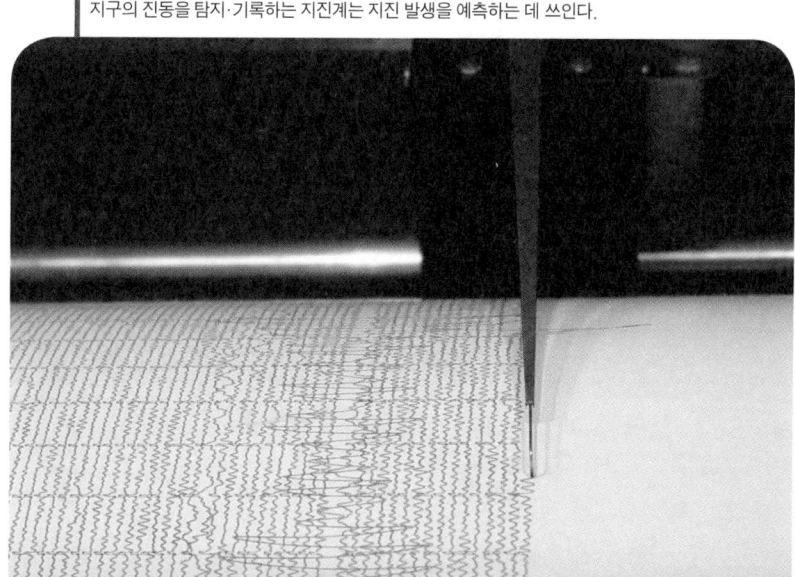

감시와 경고

만약 자연재해를 완벽하게 예측할 수만 있다면 피해는 거의 문제가 되지 않을 겁니다. 사람들이 준비하고 있다가 때맞춰 대피하면 되기 때문이지요. 하지만 안타깝게도 대다수의 자연재해는 갑자기 발생합니다.

대서양을 가로지르는 허리케인을 추적하며 파괴력을 계산해 내는 것은 가능합니다. 그러나 허리케인이 어느 경로로 지나갈지 정확히 예측하는 건 불가능해요. 그렇지만 당국은 라디오와 텔레비전을 통해 피해 예상 지역의 주민에게 경보를 발령할 수는 있어요. 미국인들은 허리

허리케인 감시

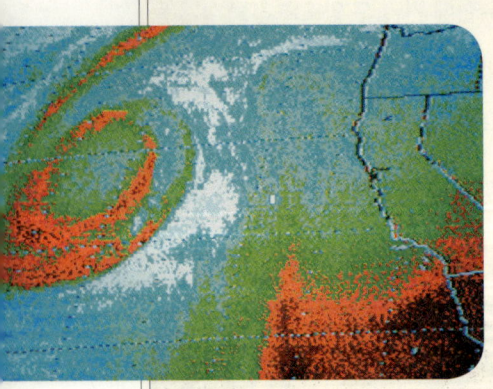

허리케인은 대개 대서양 서부, 카리브 해, 멕시코 만, 북태평양 동부에서 발생한다. 기상 위성을 통해서 허리케인의 조기 징후를 감지할 수 있다. 바람의 최대 중심 풍속이 시속 62km에 도달하면 열대성 폭풍이라 일컬어지고 이름을 부여받는데, 알파벳 순서에 따라 남자 이름과 여자 이름이 교대로 사용된다. 그리고 최대 중심 풍속이 시속 117km 이상이 되면 허리케인이라 불린다. 허리케인의 눈이라 하는 중심부는 비교적 천천히 움직인다. 기상 위성이나 미국 허리케인센터에서 관리하는 특수 항공기로 허리케인의 진로를 관찰한다. 허리케인의 힘과 방향은 어느 정도 예측이 가능하다. 그래서 가장 위험해 보이는 지역에 사전 경고를 발령하여 해당 지역 주민들의 재산을 보호하고 대피를 돕는다.

감시 대상

몇몇 화산은 대형 재해 가능성 때문에 항상 관심의 대상이 된다.

▶ **이탈리아 나폴리 베수비오 화산**

서기 79년 폭발로 폼페이를 멸망시킨 것으로 유명하며 그 후에도 여러 번 폭발하였다. 가장 최근 폭발은 1944년에 있었다. 사람들은 머지않아 폭발이 다시 시작되리라 우려하는데, 이 화산 아래 나폴리에는 주민 110만 명이 살고 있다.

▶ **멕시코의 포포카테페틀 화산**

최근까지도 작은 규모의 분출이 지속적으로 일어나고 있으며, 2012년 1월에도 분출이 있었다. 인구 440만의 푸에블라 시가 화산에서 40km 떨어져 있고, 125km 떨어진 곳에는 수도 멕시코시티가 있다.

▶ **스페인령 카나리아 제도, 라 팔마 섬의 쿰브레 비에하 화산** (아래 사진)

일부에서는 이 화산의 불안정한 산마루가 폭발한다면 산사태가 나서 $500km^3$의 흙더미가 바다로 밀려들어 간다고 추정한다. 그렇게 되면 아프리카, 유럽, 북미 동부의 해안으로 몇 시간 만에 초대형 쓰나미가 닥칠 수 있다.

케인 경보에 대처하는 법을 잘 알고 있습니다. 즉, 폭풍우 방지문(storm shutter)을 닫고 유리창에 덮개를 씌우거나 쉽게 움직이는 물체를 단단히 붙잡아 맵니다. 최고 등급의 허리케인이 예상되는 경우라면 일찌감치 피난에 나섭니다.

▶▶▶ 재해 예측하기

화산관측소에서는 분출이 시작될 것을 암시하는 어떠한 움직임(지진 활동)에도 귀를 기울이고, 화구에서 나오는 가스양의 변화도 주시합니다. 인공위성을 이용하여 화산에 설치된 센서가 발사하는 자료를 수집할 수도 있어요. 화산학자들과 지역 당국은 화산 활동이 증가하면 어떻게 대응해야 할지를 세밀하게 기획하고 화산재 피해를 입을 가능성이 있는 지역에 대피령을 내립니다.

또한 해저 지진을 감시하는 장비를 분석한 후 위험이 예상되면 쓰나미 경보를 발령합니다. 경보가 신속히 내려진다면 해안가 사람들이 고지대로 대피할 시간을 벌어줄 수 있어요. 2004년 아시아를 휩쓴 쓰나미 이후, 또 다른 비극을 막기 위해 인도양 주변 국가들은 쓰나미 경보체계 구축에 나섰습니다. 이 재앙이 오기 전에 대책 마련을 해놨어야 한다고 주장하는 전문가들도 있지만 사실 이 지역에서 쓰나미는 드문 사건이었어요. 1883년에 인도네시아의 크라카타우 섬에서 화산이 폭발하면서 발생했던 쓰나미가 마지막이었으니까요.

우리는 거의 매번, 대규모 자연재해를 겪고 나서야 예방 조치(신축 건물에 내진 설계를 도입하고 예보 장비를 설치하는 등)를 취합니다. 그도 그럴 것이 육상의 지진은 자연재해 중에서 가장 예측하기 어렵답니다. 물론 지진 활동의 증가를 경고로 보고 주의할 수는 있지만 대개의 지진은 마른 하늘에 날벼락처럼 발생해서 엄청난 참화를 불러옵니다.

피해 최소화하기

그렇다고 지진 다발 지역에 희망이 없는 것은 아니에요. 공공기관이 지진 대비 교육을 충실하게 추진하면 주민들의 생존 확률을 높일 수 있어요.

그리고 학교와 병원 등 공공건물을 포함해서 모든 건물을 신축할 때는 지진에 견딜 수 있게끔 짓도록 건축 규제를 강화해야 합니다. 예를 들어 기둥에 철골재를 보강하고 벽면 콘크리트를 두껍게 하도록 하는 것이지요. 2005년 파키스탄 지진의 경우에서 보듯이, 내진 설계된 건물이 많았더라면 많은 목숨을 구할 수 있었을 거예요.

교육 또한 자연재해의 피해를 최소화하는 데 중요한 기능을 합니다. 2004년 인도양 쓰나미가 좋은 예입니다. 바닷물이 해안에서 비정상적으로 멀리 빠져나가는 것이 쓰나미가 임박했다는 징후라는 사실을 알았던 열 살짜리 영국 소녀가 사람들을 해안에서 멀리 대피시키기 위해 애를 썼지요. 그러나 당시 대부분의 사람들은 이런 정보를 몰랐고, 어떤 사람들은 물이 빠져 드러난 해안가의 바닥이 신기한 나머지 그 안에 들어가 돌아다니기까지 했어요. 1755년 지진과 쓰나미가 리스본을 급습했던 때에도 이와 유사한 일이 있었습니다. 앞으로 재해 가능성이 있는 지역에 사는 주민이 재해에 대해 보다 나은 지식을 갖춘다면, 상당한

방재 건물

1906년 샌프란시스코에 지진이 났을 때 대개의 목조 가옥은 별 탈 없이 그대로 서 있었다. 문제는 뒤따른 화재였다. 난로가 넘어지고 가스관이 터지면서 불이 났고, 결국 도시는 완전히 파괴되었다.

여기서 얻은 교훈은, 어떤 건물은 구조적으로 유연성을 지니고 있어서 지진에서 살아남을 수 있었다는 것이다. 이때부터 미국, 일본 등 지진 위험지역에 신축되는 현대식 건물은 지진에 견딜 수 있도록 다양한 방법으로 설계된다. 이를테면 대형 철골구조, 신축성 접합부, 충격 흡수장치 등을 갖춘다는 말이다. 그러나 가난한 지역에서는 여전히 싸고 조악한 건축물이 세워지면서 지진 무방비 상태가 계속되고 있다.

1996년에 개봉된 재난영화 트위스터(Twister)에서는 미국에서 발생하는 토네이도를 감시하기 위해 위험을 감수하며 현장을 쫓아다니는 추적대의 이야기를 다루었다. 영화는 또한 토네이도 피신처를 조명했다. 토네이도 지역인 미국 중서부, 특히 텍사스 북부와 오클라호마에서 사람들은 토네이도를 피하기 위해 아래 사진과 같은 대피처로 몸을 숨긴다.

현대식 토네이도 대피처는 실내 또는 화단 밑을 파서 소형 콘크리트 벙커를 만들고, 그 위는 강철제 뚜껑으로 덮은 구조다. 출입문 기능을 겸한 이 강철제 뚜껑은 엄청난 바람의 힘을 견딜 수 있어야 한다. 토네이도의 위력은 집 전체를 공중으로 날려버리기도 하기 때문이다.

인명을 구할 수 있을 거예요.

유엔 산하에는 국제재해경감전략기구(UNISDR)가 있습니다. 여기에서는 재난 위험도의 측정, 경보체계 조직, 건축 기술 개선, 재난 대비교육 등 재해 영향을 최소화하는 실질적인 방안에 관한 정보를 축적하여 대중에 널리 알립니다.

▶▶▶ 재해 대비하기

지역 당국은 자신의 공동체가 직면하는 특정 위협에 적절한 조치를 취해야 합니다. 허리케인, 열대 폭풍우, 토네이도 같은 재해에 취약한 곳이라면 지역 당국은 공동 대피 시설을 짓고 대피 사이렌을 준비해야겠지요. 카리브 해 섬들에서는 허리케인 대피소를 많이 찾아볼 수 있어요. 섬 주민들은 허리케인이 예상될 때 콘크리트와 철제로 구축된 대피소로 가면 됩니다. 미국의 몇몇 마을에도 토네이도 발생 시 주민들을 보호하기 위한 거대한 콘크리트 대피소와 토네이도 사이렌이 있습니다.

사람들을 안전하게 이끌기 위해서는 기획, 조직, 훈련이 필요합니다. 적절한 때 경보가 발령되어야 하고, 사람들은 자신이 무엇을 하고 어디로 갈지를 알아야만 합니다. 그러기 위해서는 교육과 연습이 필수지요.

방글라데시는 사이클론이 빈번해 역사상 최악의 자연재해 현장이었어요. 그런데 최근에는 사이클론 대피소 수백 개와 홍수 방재 건물도 들어선 데다가 예상되는 폭풍우에 맞선 대피 계획도 체계적으로 운영됩니다. 그 결과 수많은 생명을 구할 수 있었어요. 가령 1997년에 대형 사이클론이 엄습했으나 주민 50만 명이 효과적으로 대피하면서 사망자는 67명에 그쳤지요.

▶▶▶ 예방 조치

　정부와 지역 당국은 지역 사회를 위험에서 구하기 위해 홍수를 막을 제방, 산불을 차단할 방화선 등의 시설물을 갖추어야 합니다. 그뿐만 아니라 재해 상황을 통제할 비상기획팀을 교육하고, 국내외의 구조 활동을 조직화 할 특별 부서를 구성해 놓아야 해요.

　허리케인 카트리나 때 보았듯이 중앙정부 뿐 아니라 해당 지자체 차원에서도 이러한 대비가 되어 있는 것이 바람직합니다. 재해가 닥쳤을 때 지역 주민들은 재빨리 구호에 나설 수 있는 데 반해, 중앙정부의 도움은 도착에 시간이 걸리며 나아가 해외 구호는 더 오래 기다려야 하기 때문이에요.

2004년 12월 26일 인도네시아 수마트라 섬 근처 바다 속에서 발생한 지진으로 파생된 쓰나미는 2시간 만에 스리랑카 해안에 도달했다. 미국항공우주국(NASA) 위성이 촬영한 이 사진은 대양의 쓰나미가 스리랑카 해안의 30~40km 근처에 다다른 것을 보여준다.

❓ 나폴리는 베수비오 화산 폭발을 대비하고 있을까?

나폴리 시민과 베수비오 화산 기슭에 자리잡은 마을 사람들은 언젠가 이 화산이 다시 폭발하리란 것을 알고 있다. 베수비오는 주위를 초토화 시킬 정도로 엄청난 화산재와 쇄설물을 뿜어내어 길을 뒤덮고 건물과 인명 피해를 낼 활화산이다. 게다가 화산의 연소 가스는 치명적인 구름으로 형성될 수 있다. 폭발 영향을 받을 지역은 바람의 방향에 좌우되겠지만, 최소 50만 명에서 많게는 300만 명까지 위험에 처해 있다.

물론 과학자들은 화산 활동을 주시하고 있으며 당국의 대피 계획도 확실히 준비되어 있다. 하지만 대피라는 게 어디 계획처럼 그렇게 쉬운 일일까? 당국은 주민들을 공황 상태에 빠지지 않게 하면서 대피시킬 수 있을까? 대피를 거부하는 사람들은 어찌할 것인가? 대피용 교통수단이 없는 사람들은 어떻게 하나? 기존의 대중교통만으로 폭증하는 수요를 감당할 수 있을까? 50만 주민은 대체 어디로 간단 말인가? 친척이나 친구들 집에 갈 수 없는 사람들을 위해서는 임시 대피소와 식량이 준비되어야 할 것이다.

물론 이 모든 상황은 실제로 화산이 폭발한다면 어떻게든 흘러갈 것이다. 그런데 이미 대피가 이루어진 상황에서 폭발은 일어나지 않고 단지 화산 활동만 몇 달 동안 계속된다면 그것도 당국으로서는 골칫거리다. 그런 경우에 과연 어느 선에서 대피령을 철회하고 주민을 귀가시켜서 생업과 학업을 재개하도록 해야 하나?

▶▶▶ 질병의 통제

재해 후 퍼질 수 있는 질병에 대해서도 전략이 마련되어야 해요. 최우선 방책은 무엇보다도 예방입니다. 질병이 확산되는 것을 막으려면 깨끗한 물과 적절한 위생시설이 긴요해요. 부상자는 신속히 의료 시설로 이송되어 치료받아야 합니다(텐트 형태의 야전병원이라도 이런 때는 소중합니다). 사망자에게도 적절한 조치가 취해져야 합니다. 신원 확인이 안 된 경우 냉동 창고에 보관하기도 하는데 이때도 공중위생이 우선이에요. 만약 생존자들의 안전을 위해서 사체를 빨리 처리할 필요가 있다면 당국은 그렇게 해야 합니다.

세계적으로 확산될 우려가 있는 유행병은 첫 번째 위험 징후가 무엇인지 연구하고 감시함으로써 통제할 수 있습니다. 질병에 가장 취약한 계층을 대상으로 예방 접종을 실시하는 것도 효과가 있겠지요. 정부는 미리 적정한 양의 백신을 비축해두거나, 그렇지 않으면 유사시에 빨리 공급할 수 있어야 합니다.

질병 통제 부문에서도 교육은 결정적인 몫을 합니다. 깨끗한 물의 중요성을 이해하고 마실 물을 정수할 줄 알면 질병 관리에 도움이 되지요. 그저 손 씻기와 같은 기본 위생만 지켜도 질병의 확산을 막을 수 있답니다. 무지와 무관심이 질병 확산의 주요한 원인이므로 공중보건 교육을 통해 사람들에게 어떻게 건강을 유지할 것인지를 알려주어야 해요. 대중이 질환에 대한 정보를 지닌다면, 유행병이 손쓸 수 없을 정도로 확산되지는 않을 거예요.

한편 일단 유행병이 발생한다면 국가 차원에서의 대응이 우선입니

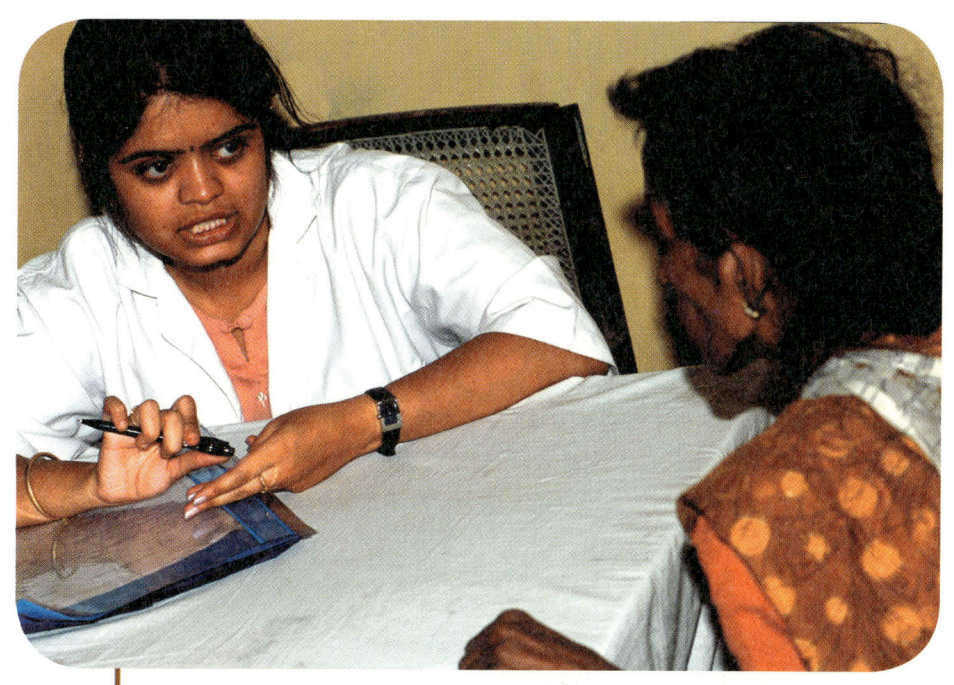

치명적인 질병 감염을 최소화하기 위해서는 무엇보다 주민을 상대로 한 건강 교육이 필수적이다.

다. 즉 국제적 지원을 요청하고 희생자를 격리하며, 감염 확산을 막기 위해 항공여행이나 공항 등을 통제하여 병의 유행경로를 차단해야 합니다. 무엇보다도 정부는 유행병에 대해 개방적이고 솔직한 태도를 보여야 합니다. 산업이나 관광업을 지키려고 질병이 발생했다는 사실을 감추려 하는 시도가 얼마나 사태를 악화시키는지는 2002~2003년 중국의 사스 발병 사건에서 드러났지요.

소아마비는 사라지지 않았다

세계보건기구(WHO)는 2005년을 소아마비 완전 박멸의 해로 공표할 예정이었다. 이 위험한 바이러스 감염 질병(척수성 소아마비)은 소아에게 발병하여 수족 마비의 후유증을 남긴다. 지난 50년 동안 세계적으로 소아마비를 근절하기 위한 방역 당국들의 노력이 계속되었다. 안타깝게도 소아마비는 아프리카에서 재발했고, 예멘과 인도네시아 등에서도 사례가 보고되고 있다.

2003년 아프리카 서부에서 재등장한 소아마비는 해당국의 이슬람 지도자들이 예방 접종을 무시한 결과 나타난 것으로 추정된다. 이 지도자들은 백신 접종에, 이슬람에 대한 미국의 공작이 담겨 있다고 의심했다. 이렇게 예방 접종이 열 달이나 지연되는 동안 소아마비는 나이지리아를 포함해서 아프리카 10여 개국으로 퍼져 나갔다.

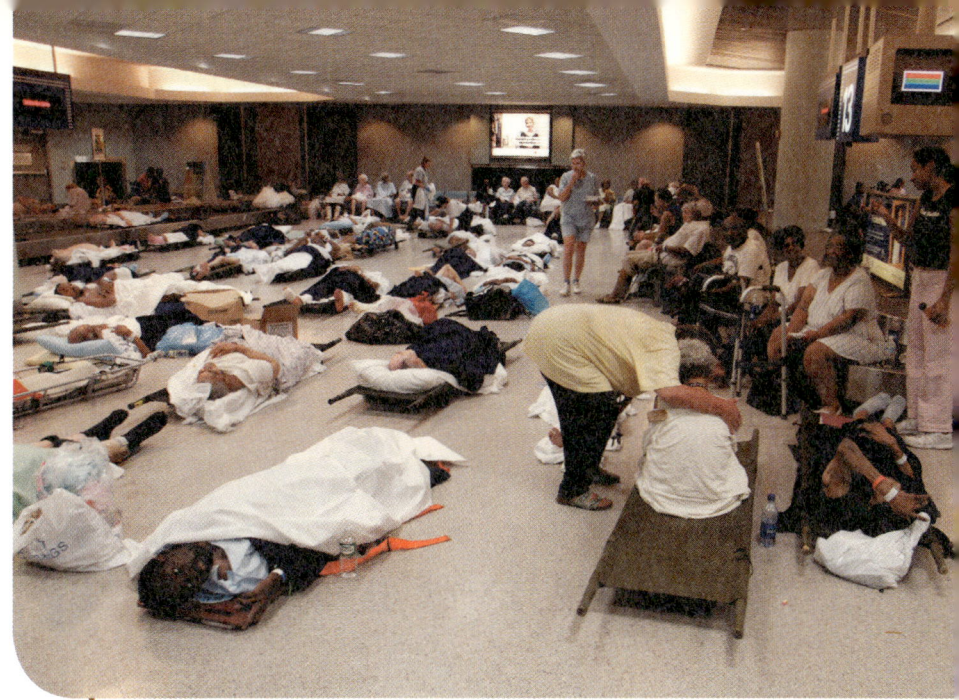

병원 체계가 일상적인 환자를 돌보는 데는 무리가 없겠지만, 대규모 역병이 닥쳤을 때에도 제대로 기능할지는 미지수다.

비용 계산하기

어떤 나라도 자연재해를 완벽하게 대비하지는 못합니다. 만약 우리 나라에서 조류 독감이 발생한다면 수많은 사람들이 위험에 처할 수 있 이요. 보건 당국이 백신을 대량 비축하고 감염지에게 항비이러스 약제 를 처방할 수 있겠지만 그것만으로 문제 해결을 장담하지는 못합니다. 왜냐하면 변형 바이러스가 항상 등장하기 때문이지요. 또한, 이같이 위 험한 독감이 발생하면 병원이 환자로 가득 차는 것도 시간문제예요.

따라서 보건 당국은 질병이 발생할 가능성과 위험성을 예측하여, 그 것을 대비하는 데 얼마를 투자할지 균형감 있게 판단해야 합니다. 보통 잘 사는 나라가 가난한 나라보다 체계적으로 대책을 마련해 놓습니다. 가난한 나라는 자국민에게 기본적인 일상 서비스를 제공해주는 것도 벅차니까요. 지진에 시달리는 나라 중 다수가, 헬리콥터 구조대를 띄울 만한 경제적 능력이 없기에 재해의 2차 피해를 무기력하게 기다리고 있어요.

인류는 어떻게든 자연재해를 예측하기 위해 지금까지 많은 노력을 기울여 왔지만 아직 갈 길이 멀고, 여전히 자연은 우리를 저만치 앞서 나가고 있는 것이 안타까운 현실입니다.

5

CHAPTER

인간이 불러오는 자연재해

인간은 먹을거리라며 물고기를 삼삼이 포획하고 목재와 경작지를 얻는다며 숲을 파괴하
면서 자연을 훼손합니다. 자연은 엄청난 재해를 일으키는 힘을 가졌지만, 동시에 미묘한
균형에 의존하는 섬세한 모습도 지닌답니다. 따라서 인간의 부주의한 행태로 자연의 균
형이 무너질 수 있고, 그 결과는 참혹합니다. 인간은 한편으로는 재해를 피하려 애쓰면
서 다른 한편으로는 재앙이 일어나도록 부추기고 있는 셈이에요.

현재 지구를 지배하는 종으로서 인간은 지속적으로 개체수를 늘려왔으며 동시에 식량을 비롯한 모든 것에 대한 탐욕을 키워왔습니다. 최근 들어 인간이 자연에 위협을 가한다는 사실이 더욱 분명해지고 있어요. 인간은 먹을거리라며 물고기를 샅샅이 포획하고 목

재와 경작지를 얻는다며 숲을 파괴하면서 자연을 훼손합니다. 자연은 엄청난 새해를 일으키는 힘을 가졌지만, 동시에 미묘한 균형에 의존하는 섬세한 모습도 지닌답니다. 따라서 인간의 부주의한 행태로 자연의 균형이 무너질 수 있고, 그 결과는 참혹합니다. 인간은 한편으로는 재해를 피하려 애쓰면서 다른 한편으로는 재앙이 일어나도록 부추기고 있는 셈이에요.

무책임한 자연 파괴

지구상의 사막지대는 확장되고 있습니다. 이는 어느 정도는 자연적인 현상이에요. 사하라 사막 중앙에서 발견된 동굴 벽화를 보면 선사시대에 이 지역은 전혀 사막지대가 아니었으니까요.

그러나 인간의 행위가 사막화를 가속화하고 있어요. 물을 펑펑 쓰고, 나무를 마구 베어내고, 주위의 풀이 깡그리 없어질 정도로 가축을 많이 기르면서 말이지요. 이로 인해 사막 근처에 사는 농부들의 생계가 위협당하고 있어요.

인간이 땅을 잘못 사용하는 건 하루 이틀 일이 아니에요. 19세기 후반부터 미국 중서부 사람들은 곡물 경작을 위해 대초원 지대를 일구기 시작했습니다. 그러다 1930년대에 가뭄이 닥치자 건조한 표토가 먼지로 변해 바람에 날리면서 이 광대한 지역은 경작 불가능한 '더스트볼(Dust Bowl, 먼지폭풍지대)'이 되고 말았어요. 굶주림과 먼지로 얻은 폐병 때

사막이 확장되며 근처 농지를 잠식하고 있다. 모래 폭풍은 이제 일상사가 되었다.

문에 수천 명이 사망했고, 35만 명이 정든 고향을 떠나 이주해야 했지요. 이와 비슷한 상황이 브라질의 아마존 열대우림에서도 일어나고 있습니다. 나무를 베어내 농경지로 만들었던 땅이 황폐화되면서 작물 농사에 쓸모없게 변해가지요. 최근에는 불모지 사막의 지력을 복구시키고 숲에 다시 나무를 심는 등의 균형 회복 시도가 여러 지역에서 이루어집니다.

숲이 파괴되면, 비가 올 경우 노출된 흙만으로 빗물을 흡수하기가 어려워져요. 이런 곳에서 빗물이 비탈을 따라 급하게 강으로 흘러내리면서 홍수가 일어나는 것은 필연이에요. 방글라데시는 히말라야 산맥에서 흘러내리는 빗물로 주기적인 홍수를 겪어왔어요. 댐과 제방을 건설해 홍수의 위험을 줄일 수는 있겠지만 모름지기 물 관리에는 세심한 주의를 기울여야 합니다. 미국에서 미시시피 강의 범람을 막기 위해 설치했던 제방이 1993년 대홍수 때 오히려 자연스러운 물의 흐름을 가로막아 홍수를 악화시키기도 했으니까요.

1993년 미국에서는 몇 달 동안 계속된 폭우로 미시시피 강과 미주리 강에 홍수가 발생했다. 50명이 죽었고 7만 명이 집을 잃었으며 광활한 지역이 상당 기간 황무지가 되었다. 사진은 당시 미주리 주 제퍼슨 시를 뒤덮은 홍수 상황이다.

아랄 해의 재앙

카자흐스탄과 우즈베키스탄의 국경에 접한 아랄 해는 이전에는 면적이 6만 8천 km²에 달하고, 한 해에 4만 4천 톤의 어획량을 선물하던 약간의 소금기를 가진 풍요한 내륙해였다. 하지만 1960년대에 소련 정부는 당시 '백금'이라고까지 불리던 목화의 생산량을 늘리려고 아랄 해로 흘러들던 강물의 유로를 목화밭으로 변경하였다. 그 결과 아랄 해는 현재 면적이 종전의 10% 정도로 쪼그라들면서 호숫가 마을은 물에서 수 킬로미터나 멀어졌고 배들은 말라버린 진흙 위에 갇혔다. 엎친 데 덮친 격으로 물이 줄어들면서 소금 농도가 상승하자 그나마 있던 물고기도 폐사했고, 마른 호수바닥에서 생성된 소금기 가득한 먼지 폭풍으로 근처 농경지마저 엉망이 되고 말았다. 아랄 해의 비운은 사람 때문에 발생한 생태 재앙의 단적인 예다.

1989

2003

▶▶▶ 쓰레기통으로 이용되는 자연

한편 인간은 부주의하게 쓰레기를 양산하면서 자연을 오염시키고 있어요. 산업 폐기물이 강으로 흘러들면 강의 생태계가 파괴되고 물은 아무짝에도 쓸모없는 상태가 됩니다. 또한 화학 비료가 잔뜩 포함된 땅에 비가 내리면 이 빗물이 강과 바다로 흘러들어 적조 현상을 일으키고, 그 결과 어패류 및 기타 무척추 동물이 질식사해요. 실제로 중국 상하이 연안의 환경은 양쯔 강에서 흘러든 오염 물질로 심각하게 망가졌어요. 미국 루이지애나 주 연안에도 매 여름마다 이러한 '데드존(dead zone, 산소고갈지역)'이 형성됩니다.

산업 폐기물은 수자원을 오염시켜, 우리의 마실 물과 강의 생태계를 위협한다.

▶▶▶ 자연을 파괴하는 가스

염화불화탄소(CFC, 프레온 가스)는 냉장고나 에어컨의 냉매, 스프레이의 분사제, 반도체의 세정제 등으로 생활에 폭넓게 사용되는 물질입니다. 그러나 이 프레온 가스는 오존층을 파괴하는 주원인이에요. 대기 중에서 오존의 농도가 높은 영역인 오존층은 생물체에 해로운 자외선을 흡수하여 인간과 동식물의 생명을 보호하는데, 이런 방어막이 사라지고 있는 것이지요. 오래 전부터 남극 지방의 오존층에 커다란 구멍이 뚫려있는 것이 보고되었고(93쪽 그림을 보세요), 이 같은 현상은 남극에서 북쪽으로 멀리 떨어진 오스트레일리아에까지 영향을 미치고 있어요.

석탄, 석유, 천연가스 같은 화석연료도 문제입니다. 우리는 매일같이 화석연료를 태워서 발전소, 공장, 비행기, 자동차를 작동시키는데 이 과정에서 엄청난 양의 이산화탄소와 갖가지 가스가 대기 중으로 방출됩니다. 과학자들은 이산화탄소 등의 기체가 증가함으로써 '지구 온난화'가 일어난다고 주장해요. 그러므로 풍력 발전이나 태양력 발전 등의 대체 에너지를 개발하는 것이 시급합니다.

지구 온난화는 자연재해와 연관이 있어요. 기온이 상승해 극지방의 얼음이 녹으면 해수면이 높아지고, 기후 변동에 의해 폭풍과 홍수 피해도 늘어납니다. 어떤 연구에서는 만일 2100년까지 지구 평균기온이 섭씨 5도가량 오른다면 해수면은 1미터까지 높아져 많은 섬이나 해안이 침수될 거라고 예측합니다.

현재 많은 항구도시가 범람의 위험에 처해 있어요. 런던 템스 강에는 높은 밀물을 막기 위해 템스 장벽이 설치되어 있지만 이 정도로는 홍수

지구 온난화는 사실일까?

지구 온난화란 기후의 변화를 불러올 정도로 지구 대기의 평균온도가 상승 중인 현상을 이르는 말이다. 1900년 이후 지구의 평균기온은 약 0.6°C 상승했으며, 현재 상승에 더욱 가속도가 붙고 있다. 어떤 예측에서는 2100년이 되면 지구의 평균기온이 지금보다 5.8°C나 상승할 것이라고 한다.

이같이 기온이 올라가면 극지방에 있는 얼음이 녹으면서 수십억 km³에 달하는 물이 바다로 흘러들게 된다. 이미 북극의 얼음이 빠른 속도로 녹아내리고 있다는 기사가 연일 보도된다. 과학자들은 지구 온난화가 오존층을 약화시킨다고도 지적한다(아래 그림). 하지만 지구 온난화가 정확히 어떤 결과를 초래할지 예측하기는 쉽지 않다. 예를 들자면 극지방의 얼음이 녹아서 대양에 찬물이 유입되면 유럽의 기온은 상승하는 것이 아니라 오히려 하강할 것이기 때문이다.

한편 지구 온난화란 그저 지구 자체가 장기간에 걸쳐 온난과 한랭을 반복하는 주기의 일부라는 주장도 있다. 그러나 인간의 활동 때문에 지구 온난화가 일어난다고 믿는 과학자들이 많다. 우리가 화석연료를 태우면서 만들어낸 물질들이 온실 효과를 일으켜, 지구 밖으로 방출되어야 할 태양열을 가두므로 지구의 온도를 높이고 있다는 것이다. 각국 정부가 이 가설이 맞는지 틀리는지 그 증거를 기다리기만 하다가는 손쓸 수 없을 만큼 상황이 악화되어 있을지도 모른다.

만년설이 계속 녹아내린
다면 우리는 심각한 홍수
의 위험에 처할 것이다.

방지에 부족할 것으로 보여 템스 강 어귀를 포괄하는 대규모 장벽을 건
설하자는 논의도 있습니다.

기온이 상승함에 따라 열대 저기압이 더욱 빈번히 발생하고 파괴력
또한 더욱 맹렬해지리라 예상됩니다. 이미 2005년 미국에서 이 예측은
증명되었는데, 그해 열대성 폭풍은 25개나 발생했고 그중 허리케인만
해도 13개나 되었어요. 유명한 허리케인 카트리나와 리타, 스탄이 모두
2005년에 발생했답니다. 그리고 북대서양의 온도 상승은 아마존 열대
우림 가뭄의 원인으로 비난받기도 합니다. 또한 남태평양과 남아메리
카에서 폭풍우와 홍수가 잦아진 것도 지구 온난화와 연계되어 있을 것
으로 추정됩니다.

템스 장벽은 만조로부터 런던을 지켜주지만, 이 정도로 충분할까?

▶▶▶ 인간이 불러오는 질병

인간의 활동이 질병을 부추기고 전염병을 유발할 수도 있어요. 조류 독감의 위험이 증가한 이유는 대량 사육 농장에 닭 등 가금류를 수천 마리씩 밀집시켜 기르기 때문입니다. 오늘날은 지구촌이 좁다고 할 정도로 사람들의 여행이 잦아져서, 조류 독감이 다시 유행하지는 않을지 우려되고 있습니다. 새로운 종류의 치명적인 조류 독감이 생겨난다면 여행자와 사업가의 이동을 통해 몇 시간 만에 세계 곳곳으로 병이 퍼질 수 있으니까요.

인위적으로 자연을 혼란스럽게 만드는 것도 심각한 결과를 초래할 수 있어요. 광우병(BSE, Mad Cow Disease)은 아마도 사육 농가에서 소에게 동물성 사료를 먹이면서 비롯되었을 것으로 추정됩니다. 소는 본래 초

식동물인데, 성장을 촉진시키기 위해 소 도축 과정의 부산물이나 소나 다른 동물의 폐사체 가공물을 먹이면서 자연의 섭리를 거스른 것이 화근이라는 말이지요.

　인간이 광우병에 걸린 소의 고기를 먹으면 인간광우병(변형 크로이츠펠트-야콥병, vCJD)이 발병할 수 있어요. 이 병에 걸린 사람은 뇌에 스펀지 모양의 구멍이 나며 치매 증세가 나타났다가 사망하는데, 현재 치료법은 없습니다. 1990년대 중반, 영국에서 최초로 인간광우병 사망자가 발생하자 사람들은 인간광우병이 세계적으로 확산될까 우려하며 공포에 떨었어요. 최악의 예상이 현실로 되지는 않았지만, 광우병의 확산을 막기 위해 100만 마리도 넘는 소가 도살 처분되었지요. 광우병은 주로 영

현대 의학은 대단한 발전을 이뤘지만, 동시에 방만한 인간 행태로 인해 새로운 위협이 생겨나고 있다.

국에서 많이 발생하였고 그 외에도 아일랜드, 프랑스, 스페인, 캐나다, 미국, 일본 등에서 광우병 사례가 보고되었습니다.

새로운 위협

인간은 다양한 형태로 자연과 겨루며 위험을 불러들입니다.

유전자의 구조를 바꾸는 유전자 변형을 통해 작물의 수확량을 늘리려는 시도는 예상치 못한 문제를 불러올 수 있어요. 그렇기에 유럽연합에서는 유전자 조작 작물을 채택하기 전에 장기간에 걸쳐 꼼꼼하게 검사합니다.

한편 정부, 테러리스트 가릴 것 없이 무기를 제조하는 측에서는 질

비상대응팀이 생화학적 공격에 대비해 훈련을 하고 있다.

1997년 일본 교토에서는 지구온난화방지 국제회의가 열려, 각국 대표가 지구 환경문제에 대해 논의했다.

병을 퍼뜨리기 위한 생화학적 무기 개발에 열을 올리고 있어요. 적에게 탄저균, 에볼라 바이러스, 천연두, 페스트 등 전염병을 퍼뜨리려는 책략이지요. 이러한 계획이 실현된다면 아니 그 과정에서 단지 사고가 일어날 뿐이더라도, 그 결과는 재앙일 것입니다.

1960년대 베트남전 당시에 미군은 적군 베트콩이 은신해 있던 밀림의 나뭇잎을 고사시키려고 에이전트 오렌지(고엽제)를 대량으로 살포했어요. 그 후 베트남에서는 최소 15만 명의 어린이가 심각한 기형으로 태어났고, 베트남 사람들과 미군과 한국군 등 100만 명 이상이 암을 포함해서 온갖 후유증에 시달렸습니다. 원인은 두말할 것도 없이 베트남전에서 사용된 화학물질이었지요.

균형을 찾자

이제 다양한 국제 협의체들은 인간의 행동이 자연에 가하는 위협을 견제하며, 지구를 보호·유지하는 것이 범세계적 과제임을 인식하고 공공의 대안을 모색하고자 나섰습니다. 1997년 채택된 교토의정서는 이산화탄소를 비롯한 온실가스 감축을 목표로 하는데, 개발도상국보다는 선진국들이 솔선해야 한다는 주장을 펼칩니다.

하지만 모든 국가가 사안의 절박함과 방안의 효과에 동의하지는 않는다는 점이 문제예요. 상당수의 나라가 이 의정서에 서명하길 머뭇거리고 있으며 이미 동의한 나라조차도 유해가스 감축을 위해 필요한 조치 수행을 미루고 있어요. 왜냐하면 온실가스를 감축하려면 화석연료 사용을 줄여야 하는데, 화석연료는 경제 성장에 필요한 주 동력원이기 때문이지요.

사람과 자연이 공생할 적절한 균형점을 찾으려면, 사람들(그리고 정부)의 태도와 생활양식을 변화시키기 위해 연구, 감시, 캠페인(대중 운동), 교육, 설득 등이 지속적으로 이루어져야 합니다.

현재로선 인간이 자연에 끼친 영향 때문에 자연재해가 발생하는 예는 드물어요. 그러나 많은 과학자들은, 인구가 지속적으로 증가하고 소

비가 폭증함에 따라 지구 온난화가 가속화될 것이라 예측합니다. 그렇게 된다면 난폭한 날씨, 홍수, 사막화, 물 부족, 기근, 질병 따위의 위험이 증가할 것입니다. 허리케인이나 홍수 같은 자연재해의 발생이 빈번해지고 피해 정도가 증가하는 현상은, 인류가 이런 연관을 이해하고 더 늦기 전에 조치를 취하지 않으면 대재앙이 닥칠 것이라는 경고라 할 수 있어요.

6
CHAPTER

자연과 공존하기

인류가 자연재해의 위협을 피할 **수는** 없습니다. 먼 과기에는 인류가 지금껏 겪었던 재해보다 훨씬 엄청난 재앙이 있었습니다. 그와 같은 재앙이 다시 올까요? 답은 시간만이 알겠지요. 그동안 인류는 할 수 있는 최선을 다해 자연과 함께 사는 법을 익혀야 할 것입니다.

인류가 자연재해의 위협을 피할 수는 없습니다. 물론 과거로부터 무언가를 배우고 자연의 위협에 대응하기 위해 노력할 수는 있겠지만, 미래가 어떻게 전개될지는 아무도 알 수 없어요. 먼 과거에는 인류가 지금껏 겪었던 재해보다 훨씬 엄청난 재앙이 있었습니다. 그와 같은 재앙이 다시 올까요? 답은 시간만이 알겠지요. 그동안 인류는 할 수 있는 최선을 다해 자연과 함께 사는 법을 익혀야 할 것입니다.

초대형 재해

최근의 역사에서 일어난 그 어떤

재해보다도 강력한 대규모 화산 폭발이 과거에 있었어요. 그 폭발로 엄청난 화산 분출물이 지구 대기권에 솟구쳐 나와 하늘을 뒤덮는 바람에, 대기 온도가 떨어져 수많은 생물종의 생명이 위협당했지요. 바로 약 7만 4천 년 전 인도네시아 수마트라 섬의 토바 화산 분출로, 이는 미국 세인트헬렌스 화산의 폭발보다 만 배 큰 규모였고 아마도 근 200만 년 역사에서 가장 강력한 폭발이었을 겁니다. 이 폭발로 북반구 식물종의 75퍼센트가 절멸했으며 인류 역시 멸종의 벼랑 끝까지 내몰렸을 것으로 추정됩니다. 오늘날 이 같은 재앙이 다시 일어난다면 어떻게 될까요?

태양을 공전하는 지구의 궤도는 정확히 규칙적이지는 않은데, 이로 인해 지구는 온난한 간빙기와 추운 빙하기를 반복하는 주기를 가집니다. 빙하기 때는 극지방의 얼음층이 더욱 확대되며, 여느 때 같으면 온화한 지역이었을 유럽이나 북미까지 얼음으로 뒤덮히게 됩니다. 마지막 빙하기는 1만 년 전에 끝났는데, 이때 매머드로 대표되는 거대 포유류가 서식지 환경 변화로 멸종되었어요. 온난과 한랭의 주기 계산에 따르면 지구는 또 다른 빙하기를 앞두고 있는 것으로 보입니다. 그런데도 현재 지구가 더워지고 있다는 연구 결과들은, 지구 온난화가 자연적인 현상이 아니라 인간이 유발시킨 것이라는 주장에 힘을 실어줍니다.

▶▶▶ 종말론은 지금

일부 과학자들은 지금처럼 인류가 대기 중에 이산화탄소량을 계속 증가시킨다면 산소량이 감소하면서 대규모로 생물종이 절멸할 것이라

대멸종

　먼 과거에 지구상에 닥쳤던 대량 멸종은 대략 다섯 가지 사건으로 요약된다. 그중 가장 큰 사건은 2억 5천만 년 전인 페름기 말에 있었으며 생물종의 90%가 절멸했다. 6550만 년 전인 백악기말에는 공룡을 포함해서 당시 생물종의 절반 정도가 사라졌다. 소행성[7]이 지구와 충돌하면서 기후 변화를 가져와 절멸이 일어났으리라 추정된다. 그런 상황이라면 강하고 적응력이 뛰어난 생물체만이 생존할 수 있을 것이다. 최악의 기후 환경에서 살아남을 수 있는 유일한 생물형태는 아마도 세균(박테리아)이다. 세균은 극한의 더위와 추위, 그리고 대기의 급격한 변화 속에서도 살아남는다고 알려져 있다.

7　태양계의 구성원으로 직경이 50m 이상인 바위 덩어리이고 행성보다는 작다. 주로 화성과 목성 궤도 사이에 넓게 퍼져서 공전하고 있다.

옐로스톤의 초대형 화산

　미국 와이오밍, 몬타나, 아이다호 주에 걸쳐 있는 옐로스톤 국립공원은 다채로운 색상을 뿜내는 뜨거운 간헐천으로 유명하며 대자연의 경이가 존재하는 곳이다. 이 같은 경관은 밑에서 엄청난 힘으로 천천히 땅을 밀어 올리고 있는 거대한 화산의 힘을 짐작하게 해준다. 곳에 따라서는 지난 한 세기 동안 땅이 무려 70cm가 상승한 지역도 있다. 초대형 옐로스톤 화산이 폭발한다면 그 피해가 어마어마하리란 우려가 있다. 미국의 대부분이 폐허가 되고, 폭발 때 공중으로 솟아오른 화산 쇄설물이 지구의 기후를 극적으로 변화시켜 대기가 냉각되고 지구는 긴 겨울을 맞이할 수도 있기 때문이다. 실제로 그런 재앙이 발생할지, 그렇다면 그때가 언제일지는 아무도 모를 일이다.

고 예측합니다. 그리고 어떠한 항생제도 듣지 않는 위험한 세균인 '슈퍼버그(superbug)'가 출현하여 전 세계가 치명적인 역병에 노출되고 인류가 위협에 처할 수 있다고도 합니다.

한편 과거에 지구는 우주에서 돌진해 온 운석[8]이나 소행성과 충돌한 적이 있어요. 1908년 러시아 시베리아 지방의 퉁구스카 강 밀림에서 대폭발이 일어났는데 아직도 정확한 원인은 알 수 없지만 소행성이 충돌했기 때문이라는 가설이 유력합니다. 이 폭발로 2천 제곱킬로미터가 넘는 숲이 불탔어요. 다행히도 이 지역에는 사람이 살고 있지 않았지만 만약 이러한 소행성이 인구 밀집 지역에 떨어졌다면 대참사가 일어났겠지요.

지구 표면에서 인구 밀집 지역은 극히 일부이며 지구의 대부분은 바다로 덮여 있어요. 하지만 바다에 크나큰 충격이 가해진다면 대형 쓰나미가 발생할 수 있다는 것을 잊어서는 안 됩니다. 그러한 대규모 충격은 거의 100년에 1번씩은 발생했고, 소규모 충격은 20년에 1번씩은 있었습니다. 그렇다면 과연 우리는 안전할까요?

소행성 중에는 지름이 무려 2킬로미터를 넘는 것도 있는데 이런 물체가 지구와 충돌하게 되면 그 충격은 핵폭탄 수천 개가 터지는 것과 같습니다. 이제는 거의 정설이 다 된 소행성 가설에 따르면, 과거에 거대소행성의 충돌로 지구의 기후가 바뀌는 바람에 서식지가 파괴되며 수

---

8 태양계 내에 있는 천체 중에서 소행성보다는 작고, 원자나 분자보다는 훨씬 큰 천체를 유성체라 한다. 유성체가 지구 대기권에 진입하면 공기와의 마찰로 타면서 유성(별똥별)이 되는데, 가끔 타다 남은 잔해가 지표면까지 이른 경우를 운석(meteorite)이라 한다.

많은 생물이 멸종당했다고 해요. 멕시코에 있는 한 운석 구덩이(크레이터)는 6500만 년 전 지구에 지름이 10킬로미터나 되는 소행성이 충돌했다는 증거입니다. 이 정도의 충격은 아마 핵폭탄 수백만 개의 위력을 가지며, 거대한 먼지구름과 가스로 지구를 뒤덮고 대기권을 변화시켜 지구를 오랫동안 겨울로 몰아넣었을 것입니다. 이와 비슷한 시기에 생긴 것으로 추정되는 비슷한 운석공이 영국 동부 해안, 우크라이나, 인도 서부 해안에서 발견되었어요. 이는 당시 지구가 상당수의 운석이나 소행성과 충돌했다는 것을 암시하지요. 소행성의 충돌로 발생한 먼지구름이 대기권을 오염시켜 공룡이 멸망했다는 것은 이제 정설로 자리 잡아가고 있어요.

▶▶▶ 소행성 충돌 가능성

소행성 충돌은 이렇다 할 예고도 없이 닥칠 수 있어요. 우주에는 지

멕시코에 있는 이 운석공은 6500만 년 전에 소행성이 지구와 충돌하면서 생겨났다.

구 가까이 위치한 소행성이 수백 개나 존재합니다. 아스클레피우스 4581은 지름이 300미터인 소행성인데 1989년에 지구 옆을 40만 킬로미터의 거리를 두고 스쳤어요. 거리 차이가 제법 큰 것처럼 들리지만 그 자리는 불과 여섯 시간 전에 지구가 위치했던 지점이었지요.

천문학자들은 지름 5킬로미터 이상인 소행성과 지구의 충돌은 대략 1000만 년 간격으로 발생한다고 추정합니다. 우리의 생애에서 이런 일이 일어날 가능성은 희박해요. 인류가 지구에 등장한 지도 불과 200만 년이니까요. (그러나 46억 년이란 지구 역사로 가늠해 보면 1000만 년 간격은 비교적 잦은 빈도에 속합니다. -역주)

지구의 멸망을 호기심 반 경외심 반으로 예견하는 사람들도 적지 않습니다. 아주 먼 옛날부터 지금까지 지구 종말론은 대개 종교적 신념과 연관되어 있어요. 19세기 과학자들 중에는 태양이 파괴되면서 '우주 겨울'이 닥쳐 지구 또한 얼어붙으며 모든 생명체가 사라질 것으로 확신했

왜 우리는 교훈을 얻지 못할까?

　지진, 화산 폭발, 허리케인, 사이클론, 토네이도 등은 거의 같은 장소에서 반복되고 있다. 그런데도 왜 사람들은 샌프란시스코, 로스앤젤레스, 도쿄, 또는 쓰나미로 이미 초토화되었던 해안가에서 계속 살고 있을까? 사람들은 위험을 알고 있지만 위험을 감수하기로 작정한 것 같다.

　한 가지 이유는 역사적으로 오랫동안 그곳에서 살아왔기 때문이다. 그곳에는 인간생활을 영위할 거의 모든 것, 즉 건물, 도로, 상가, 직장, 가족이나 친구 관계 등이 존재한다. 그래서 그 지역에 머물며 피해를 복구하고 때때로 닥치는 재해에 맞서는 것이 완전히 다른 곳으로 이주하는 것보다는 편리할 수 있다.

　곳에 따라서는 자연재해의 위험을 감소시킬 대안이 마련된다. 즉 지진 빈발 지역에는 내진설계로 건물을 짓고, 해저 지진이 발생하는 곳에다가는 쓰나미 경보 장치를 설치하는 것이다. 방글라데시나 플로리다의 경우에서 보듯이 대피 절차도 개선되고 있다. 1953년 큰 홍수를 겪었던 네덜란드는 해안을 따라 독특한 방호벽을 건설하는 '델타 프로젝트'를 실행했다. 런던 역시 '템스 장벽'이 예외적인 만조를 막도록 대비하였다. 역사적으로 홍수가 잦았던 습지와 범람원에서는 건축물 안전을 위한 조치가 취해진다. 토양 침식으로 인해 홍수가 발생하는 지역에서는 벌목 행위를 엄격히 제한한다. 서부 아프리카와 중국에서는 나무 심기 정책으로 사막화의 영향을 줄여가고 있으며, 그 결과 일부이긴 하지만 사막이 푸르게 바뀌고 있다.

　하지만 이러한 조치는 여전히 근본적인 대책은 아니다. 한마디로 대규모 자연재해 앞에서 인간은 무력하기 짝이 없다. 게다가 사람들이 지진, 화산, 허리케인이 빈발하는 지역에서 살기를 고집하기 때문에 미래의 자연재해(인적·물적 피해)는 지금보다 나아지지 않고 오히려 악화될 가능성이 높다.

던 사람도 있었지요. 제2차 세계대전 때는 전면적인 핵전쟁이 발발해 인류가 멸망할 것처럼 보이기도 했어요. 현재는 지구 온난화가 인간에게 멸망의 그림자를 드리우고 있습니다.

자연과 공존하기

현재 자연재해에 대한 우리의 능력은 일상적인 범위에서 알고 있는 것만을 대처하는 정도예요. 우리는 미래에 자연재해가 발생하리라는 사실을 받아들여야 합니다. 그것을 피할 방법은 없어요.

따라서 '재해가 발생하지 않았으면' 하는 바람은 접어두고, 재해가 언제 발생할지, 그렇다면 피해를 최소화하기 위해 어떤 조치를 취해야 할지를 생각해야 합니다. 우리는 재해가 발생할 때마다 회복해 왔으며 앞으로도 재해를 극복해갈 거예요. 우선 과거의 경험을 살려 피할 수 있는 재해는 피하도록 내비하는 것이 가장 중요합니다. 그래도 불가피할 재해라면 이전보다는 더 나은 방법으로 대처할 수 있어야 해요. 그런 지혜만이 인류가 변덕꾸러기 자연과 함께 조화롭게 공존하는 길을 알려줄 것입니다.

한눈에 보는
재해의 역사

기원전 72,000년 경	인도네시아 토바 화산이 폭발했다. 근 2백만 년 중에서 최악의 폭발이었다.
서기 79년	이탈리아 나폴리 근처 베수비오 화산이 폭발하여 폼페이와 헤르쿨라네움이 매몰되었고, 주민 상당수가 대피했지만 3,500명이 사망했다.
1556년	최악의 지진이 중국 중부 지방을 덮쳐 83만 명이 사망하였다.
1755년	포르투갈의 수도 리스본에서 지진과 연이은 쓰나미로 인해 도시 전체 인구의 3분의 1에 이르는 10만 명이 목숨을 잃었다.
1780년	서인도 제도의 마르티니크, 바베이도스, 세인트 유스타티우스 섬을 강타한 대형 허리케인으로 2만 2천 명이 사망했다.
1815년	인도네시아 탐보라 화산이 폭발해 1만 2천 명이 죽고, 폭발 후유

증인 기근과 질병으로 인근 섬에서 8만 명의 추가 사망자가 발생
했다.

1826~1837년
인도에서 발생한 콜레라가 전 세계로 퍼져 나가 수백만 명이 사망
했다(런던에서 7천 명, 아일랜드에서 2만 5천 명, 뉴욕에서 5만 명 사망).

1857년
일본 도쿄에서 지진으로 10만 7천 명이 사망했다.

1876~1879년
역사상 최악의 가뭄과 기근으로 중국에서 900만 명이 생명을 잃
었다.

1887년
중국 황해가 범람해 150만 명이 사망했다.

1896년
일본 본토의 북동부 해안을 강타한 쓰나미가 2만 7천 명의 목숨을
앗아갔다.

1900년
미국 텍사스 주의 해안 도시 갤버스턴에 허리케인이
닥쳐 1만 2천 명이 사망했다.

1902년
서인도 제도의 프랑스령 마르티니크 섬에서 몽
플레 화산이 폭발하여 수도 상씨에르의 주민
거의 전부(3만 6천 명)가 사망했다.

1908년
남부 이탈리아와 시칠리아 섬에서 지진이 일어
나 16만 명이 사망했다.

1911년
양쯔 강 범람으로 상하이 지방에서 20만 명이 사망했다.

1918~1919년	스페인 독감이 세계적으로 유행하여 최소 2500만 명이 생명을 잃고 말았다.
1920년	중국 간쑤 성 시닝 시에서 지진이 발생해 18만 명이 사망했다.
1923년	일본 도쿄에서 지진으로 14만 명이 사망했다.
1927년	미국 미시시피 대홍수로 아일랜드만한 넓이의 유역에 10m 높이로 물이 들어차, 70만 명이 대피했고 246명이 사망했다.
1931년	중국 황해와 양쯔 강 범람으로 300만 명이 사망하였다.
1932년	중국 간쑤 성 란저우에서 지진으로 7만 명이 사망했다.
1932~1940년	과다하게 개간이 진행되던 미국 중서부에 유례없는 가뭄이 발생해 광활한 지역을 불모지로 만들었고 이 지역은 더스트볼(Dust Bowl, 먼지폭풍지대)이라 불리게 되었다.
1935년	파키스탄의 쿠에타에서 지진으로 6만 명이 사망했다.
1939년	칠레 해안을 따라 발생한 지진으로 치얀 시에서 만 7만 5천 명이 사망했다.
1954년	중국 허베이 성의 우한에서 홍수로 4만 명이 사망했다.
1960년	칠레에서 리히터 규모 9.5의 지진이 일어났

다. 리히터 규모로 볼 때 역사상 가장 큰 지진이었다. 이 지진으로 인해 발생한 쓰나미는 태평양 전역으로 전달되어 하와이, 일본에 까지 피해를 입혔다.

1963년 방글라데시의 치타공을 강타한 사이클론으로 2만 2천 명이 사망했다.

1970년 인도의 웨스트벵골 지방과 인도를 사이에 두고 양쪽으로 영토가 분리되어 있던 파키스탄의 동부(현재의 방글라데시)에 괴멸적인 사이클론이 닥쳤다. 무려 50만 명의 사람들이 목숨을 잃었다. 파키스탄 정부는 이후 어설픈 구호 활동 때문에 동부 파키스탄 지역 지도자와 세계 여론에 냉혹한 비난을 받았다. 결국 이듬해 3월 동부 파키스탄 주민들은 무력 투쟁을 통해 방글라데시라는 새로운 나라를 세웠다.

1976년 근대 최악의 지진이 중국 허베이 성의 탕산을 강타했다. 공식 사망자는 24만 2천 명이었으나 실제로는 거의 두세 배의 사망자가 발생했을 것으로 보고 있다.

1984~1985년 1981년부터 계속된 동아프리카 지역의 가뭄으로 에티오피아에 기근이 확산되면서 100만 명 이상이 사망한 것으로 보인다.

1985년 콜롬비아의 네바도 델 루이스 화산이 분출하며 화산이류가 아르메로와 근처 마을을 덮쳐 2만 2천 명이 사망했다.

1988~1989년 방글라데시에서는 장마철 폭우가 몰고 온 최악의 홍수로 국토의 3분의 2가 물에 잠겨 5,000명이 죽고 무려 2100만 명의 이재민이

발생했다. 연이은 토네이도로 1,300명이 추가 사망하였다.

1991년
방글라데시의 치타공 근처 샌드윕 섬에 사이클론이 닥쳐 13만 9천 명이 사망했다.
필리핀에서는 피나투보 화산이 폭발했다. 주민 대피는 성공적이었음에도 사망자가 1,000여 명 발생했다.

1993년
4월부터 10월 사이에 미시시피 강과 미주리 강이 넘쳐 1927년 이후 미국 최악의 홍수로 기록되었다.

1995년
일본 오사카 만에서 지진이 발생하여 고베 시에서 6,000명이 사망했다.

1998년
온두라스와 니카라과를 덮친 허리케인 '미치'로 1만 8천 명이 사망했다.

1999년
터키 지진으로 1만 9천 명이 사망했다.

2003년
이란 밤 시에서 지진으로 2만 6천 명이 사망했다.

2004년
해저 지진으로 발생한 쓰나미가 아시아를 급습해 인도네시아, 타이, 스리랑카, 인도 등에서 28만 명이 사망하였다.

2005년
허리케인 카트리나로 미국의 뉴올리언스 시가 물에 잠겨 초토화되었다.
파키스탄에서 리히터 규모 7.6의 지진이 발

생해 8만 명이 사망했다.

2006년
남부 유럽에서 다뉴브 강이 넘쳐서 주민 1만 명이 대피했다.

2007년
영국 대부분 지역에 폭우가 계속되며 대홍수가 발생했다.
반면 오스트레일리아는 재앙 수준의 가뭄으로 고통을 겪었다.

2008년
중국 쓰촨 성에서 리히터 규모 8.0의 대지진이 발생하였다. 사
망자가 7만 명, 중상자가 37만여 명에 이르렀고 경제적 피해도
1500억 위안에 달했다.

2010년
아이티에서 리히터 규모 7의 지진이 발생하여 사망자가 23만 명
이 넘었고 부상자 수는 30만 명에 달하였다.

2011년
3월 11일, 대지진과 쓰나미가 일본 동북부 지방을 휩쓸어 1만 9
천여 명이 숨지거나 실종되었다. 또한 이 지진으로 후쿠시마 제1
원자력 발전소의 원자로가 폭발해 방사능 유출 사고가 일어났다.
원전 주변은 죽음의 땅이 되었고, 방사능 피해 범위가 어느 정도
이며 언제 회복될 수 있을지 누구도 알 수 없다.

자연재해 관련 단체

외국의 자연재해 관련 단체

국경없는 의사회(MSF, Mèdicins Sans Frontières)

1971년 프랑스 의사 주도로 조직되었다. 의사나 의료 종사자들이 자원해서 참여하거나 기부를 받아, 주로 개발도상국에서 전쟁·기아·질병·자연재해로 고통받는 사람들에게 의료지원을 수행한다. 인종, 종교, 정치적 배경에 편향되지 않은 활동으로 좋은 평을 받고 있다.

국제연합(유엔UN, United Nations)

1945년에 평화, 안보, 경제개발을 목표로 창설된 국제기구로 전 세계 거의 모든 나라가 회원국으로 가입해 있다. 자연재해에 대처하기 위해 인도주의업무조정국(OCHA)을 조직해 두었다.

대외원조물자 발송협회
(CARE, Co-operative for Assistance and Relief Everywhere)

전 세계를 대상으로 원조와 비상구호를 수행하는 자선단체다. 1945년 미국에서 창설되었으며, 본부는 브뤼셀에 있다.

세이브더칠드런(Save the Children)

1919년에 영국에서 설립되어 위기에 처한 어린이를 돕는 데 헌신하는 세계 최대 규모의 아동 구호 기구이다.

세계보건기구(WHO, World Health Organization)

스위스 제네바에 본부를 두고 인류의 건강 문제, 특히 전염병과 유행병에 대처하는 유엔 기구다.

세계식량계획(WFP, World Food Programme)

유엔 산하 기구로 이탈리아 로마에 본부가 있다. 자연재해 피해자들에게 긴급 식량을 지원하며 장기 난민에게도 구조 활동을 펼친다.

유럽연합(EU, European Union)

유럽지역의 25개 나라가 모여 구성한 공동체. 1951년 6개국이 경제 및 정치 협약을 통해 역내의 평화와 번영을 촉진하자는 데 동의하면서 시작되었다. 유럽연합의 정책 결정권을 가진 유럽위원회(EC)는 산하에 인도주의원조사무소(ECHO, European Commission Humanitarian Aid Office)를 두고, 주로 자연재해로 위기에 처한 나라에 구호 기금과 물자를 지원하고 있다.

유엔식량농업기구(FAO, Food and Agriculture Organization)

주로 기근 예방에 관심을 갖고 개발도상국의 식량 생산 문제에 집중

하면서, 최신 경작법의 확산을 지원하는 등의 업무를 수행한다.

유엔인도주의업무조정국
(OCHA, Office for the Co-ordination of Humanitarian Affairs)

자연재해와 여타 긴급 상황에 대처하는 유엔의 핵심 조직으로, 미국 뉴욕과 스위스 제네바에 근거지를 두었다.

적십자(Red Cross)

적십자는 전시 부상병의 치료와 구호는 물론 일반 재난 대응 및 예방 활동, 긴급 구호 활동 등을 전개하는 적십자 운동과 적십자 단체들을 통칭한다. 1859년 스위스에서 부상당한 군인을 돕고자 창설되었다.

한국의 자연재해 관련 단체

국가재난정보센터 www.safekorea.go.kr

소방방재청 소속기관으로 대규모 자연적, 인위적 재난에 신속하게 대비하기 위하여 설립되었다. 홈페이지에서는 재난 발생 현황과 재난 통계, 재난시 국민행동요령 및 사전 준비·점검 사항 등을 안내해준다.

국립방재연구원 www.nidp.go.kr

국내 유일의 재난관리 종합연구기관이다. 돌발홍수 예·경보시스템, 피해조사 자동화시스템, 위성영상기반 재난상황분석 체계 구축, 실시간 재해정보연계 데이터베이스 구축 등 국가재난관리 정책연구와 기술개발에 최선을 다하고 있다.

소방방재청 www.nema.go.kr

2004년 6월 1일 국가재난관리 총괄기관으로 출범하였고 국민의 생명과 재산 보호를 목표로 한다. 국가 및 지방자치단체의 재난 관리체제 확립, 재난예방 사업 투자, 중앙 및 지역 긴급구조 통제단 운영, 대국민 안전문화 운동 실시 등의 업무를 추진한다.

튼튼안전 대한민국 www.snskorea.go.kr

행정안전부에서 운영하는 홈페이지로 재난·안전 및 안보와 관련하여 다양한 정책정보와 뉴스를 제공한다. 특히 사이버교육 메뉴에서는 자연재해뿐 아니라 안전에 관련된 각종 주제들을 동영상으로 학습할 수 있다.

찾아보기

ㄱ

가뭄 35~37, 88, 94
감시 72~74, 76, 80, 99
국제연합 118
교육 71, 75, 77~78,
80~81, 99
기근 11, 24, 34~38,
50~51, 99

ㄴ

날씨 21, 24, 99
네바도 델 루이스
19, 34, 65
뉴올리언스 22, 34, 49, 53
니카라과 58

ㄷ

대피 19, 25, 41, 43~45,
47, 53~54, 59~60, 71~72,
74~77, 79, 110
독감 28, 30~31, 83, 95

ㄹ

리스본 21, 75

리히터 규모 16~17, 21, 35

ㅁ

마르티니크 45
말라리아 32, 46
메뚜기 37~38
멕시코 72~73, 107~108
멸종 104~105, 107
몬세라트 34, 60
몽플레 34, 45
미국 16, 19, 22~24, 26,
49~50, 53~54, 63~64, 72,
76~78, 82, 88~89, 91, 94,
96, 105~106
미디어 54
미시시피 34, 89
미시시피 강 24, 34, 89
미치 58

ㅂ

밤 35, 63~64
방글라데시 11, 21, 24~25,
35, 48, 77, 89, 110
백신 30, 80, 82~83

베수비오 19, 35, 73, 79
베트남 11, 33, 98~99
부상 24, 27, 35, 42, 44, 48,
54, 58, 64, 80
빙하기 104

ㅅ

사막 88~89, 99, 110
사스 33, 81
사이클론 11, 21~23, 25,
77, 110, 115
산사태 20, 73
샌프란시스코 63, 76, 110
선진국 54, 99
세계보건기구 82, 119
세인트헬렌스 화산
18~19, 104
소행성 105, 107~109
스리랑카 11, 35, 46, 62,
65, 78
스페인 독감 28, 31
시칠리아 35
쓰나미 11, 19~21, 34~35,
46, 50, 52, 61~62, 65,

73~75, 110

ㅇ

아랄 해 90

아시아 21, 28~29, 35~36, 50, 61, 63, 74

아시아 쓰나미 35, 61, 75

아프리카 21, 29, 31~32, 35~38, 46, 73, 82, 110

에볼라 29, 32, 97

에이즈 31~32, 46

양쯔 강 11, 35, 67, 91

열대 저기압 20~22, 94

예측 10, 41~42, 71~72, 74~75, 83~84, 92~94, 99, 104

오스트레일리아 27, 35, 92

오염 27, 49, 91, 108

온두라스 34, 58

운석 107~108

위성 42, 72, 74, 78

유럽 29, 31, 35, 73, 93, 97, 104

이탈리아 19, 73

인구 9, 16, 19, 21, 25, 28~29, 31, 36, 59, 67, 73, 99, 107

인도 11, 21, 31, 46~47, 108, 115

인도네시아 11, 21, 50, 74, 78, 82, 104

일본 65, 76, 96, 98, 117

ㅈ

자연재해 9~11, 15, 17, 24, 27, 36~37, 41~44, 50, 57, 59, 62~63, 67, 71~72, 74~75, 83~84, 92, 99~100, 103, 110~111, 117

전염병(유행병) 11, 28~29, 31~32, 38, 80~81, 95, 97

전쟁 10, 28, 31, 36, 59, 109

조류 독감 28, 30, 83, 95

중국 11, 17, 24, 31, 33, 37, 67, 81, 91, 110

지구 8, 15, 17, 21, 23, 30, 43, 46, 71, 87~88, 92~94, 98~99, 104~109

지구 온난화 92~94, 99, 104, 111

지진 8, 11, 20, 15~17, 19, 21, 34~35, 42~43, 46~48, 50, 52, 58, 62~65, 67, 71, 74~76, 78, 84, 110

질병 10, 24, 27~29, 31~32, 48~49, 80~83, 95, 97, 99

ㅊ

칠레 34, 67

ㅋ

카나리아 제도 35, 73

카슈미르 17, 35, 47

카트리나 22, 34, 48~49, 53~54, 63, 78, 94

콜레라 27, 31

콜롬비아 아르메로 19, 65

ㅌ

타이 11, 20~21, 35, 46, 50

태풍 21, 34

토네이도 22~24,

76~77, 110

ㅍ
파키스탄 17, 35, 63,
75, 115
판 구조론 15, 17
페스트 29, 97
포르투갈 21
폼페이 19, 73
피나투보 화산 19
필리핀 19

ㅎ
화산 8, 15~20, 27, 34~35,
41~42, 45, 51, 60, 65, 67,
73~74, 79, 103~104, 106,
110
화재 21, 24, 26, 59, 76
황하 11, 24, 35
허리케인 21~22, 24, 34,
42, 48~49, 53~54, 58, 63,
65, 72, 74, 77~78, 94, 100,
110
헤르쿨라네움 19

홍수 11, 22, 24~25, 34, 49,
53, 67, 77~78, 89, 92, 94,
99, 100, 110
흑사병 29

내인생의책 은 한 권의 책을 만들 때마다
우리 아이들이 나중에 자라 이 책이 '내 인생의 책'이라고 말할 수 있는 책을 만들고자 합니다.

세상에 대하여 우리가 더 잘 알아야 할 교양

⑨ 자연재해 인간과 자연이 공존하는 길은? (원제: NATURE VS MAN)

안토니 메이슨 글 | 선세갑 옮김

초판 발행일 2012년 4월 13일 | 2쇄 발행일 2019년 5월 30일
펴낸이 조기룡 | 펴낸곳 내인생의책 | 등록번호 제10-2315호
주소 서울시 성동구 연무장5가길 7 현대테라스타워 E동 1403호
전화 (02) 335-0449, 335-0445(편집) | 팩스 (02) 6499-1165
책임편집 손유진 | 편집 김지연 박소란 유정진 오혜림 | 마케팅 신 현 심재원 | 디자인 이선영

ISBN 978-89-91813-20-5 (44300)
ISBN 978-89-91813-19-9 (세트)

책값은 뒤표지에 있습니다. 잘못된 책은 구입처에서 바꾸어 드립니다.

이 도서의 국립중앙도서관 출판시도서목록(CIP)은 e-CIP 홈페이지(http://www.ml.go.kr/ecip)에서 이용하실 수 있습니다.
(CIP제어번호 : 2019001562)

내인생의책에서는 참신한 발상, 따뜻한 시선을 가진 원고를 기다리고 있습니다.
원고는 내인생의책 전자우편이나 홈페이지를 이용해 보내 주세요. 여러분의 소중한 경험과 지식을 나누세요.

전자우편 bookinmylife@naver.com | **홈페이지** http://bookinmylife.com

어린이제품 안전 특별법에 의한 제품 표시
제조자명 내인생의책 | **제조 연월** 2019년 5월 | **제조국** 대한민국 | **사용연령** 5세 이상 어린이 제품
주소 및 연락처 서울시 성동구 연무장5가길 7 현대테라스타워 E동 1403호 (02)335-0449

세더잘 45
플라스틱 오염 재활용이 해답일까?
제오프 나이트 글 | 한진여 옮김 | 윤순진 감수

플라스틱 재활용과 친환경 플라스틱으로도 충분히 플라스틱 오염을
막을 수 있다
vs 플라스틱 오염의 근본적 대책은 플라스틱 사용을 금지하는 것이다

플라스틱 탄생의 역사에서부터 플라스틱 생성 원리, 플라스틱 오염을 막기 위한 현
실적인 대안에 이르기까지 플라스틱을 둘러싼 역사적, 과학적, 사회적 주제들을
빠짐없이 다루고 있습니다. 더불어 편리함 속에 숨어 있는 플라스틱의 위험을 알려
주면서 어떻게 이 위험을 극복할 수 있는지 다각도로 생각해 볼 수 있는 기회를 제공
합니다.

세더잘 44
글로벌 경제 나에게 좋은 걸까?
리처드 스필베리 글 | 한진여 옮김 | 강수돌 감수

글로벌 경제는 인류의 삶에 풍요를 가져왔다
vs 글로벌 경제는 빈부 격차를 확대하고 환경을 파괴할 뿐이다

글로벌 경제란 국가 간 무역량이 늘어나면서 나라와 나라 사이의 경제 활동이 더 자유로워지고 상호 의존도가 높
아지는 경제를 말합니다. 글로벌 경제는 그동안 인류의 삶을 풍요롭게 하는 데 큰 역할을 했지만 한편으로는 환경
파괴나 노동 소외 등의 문제를 불러 일으켰습니다. 과연 글로벌 경제는 나의 삶에 좋은 것일까요?

세더잘 43
제노사이드 집단 학살은 왜 반복될까?
마크 프리드먼 글 | 한진여 옮김 | 홍순권 감수

제노사이드는 정치 권력자의 범죄이므로 이들을 확실하게 처벌하면 재발을 막을 수 있다
vs 제노사이드는 국제사회(UN)와 개인들이 힘을 모아야 근절시킬 수 있다

인류 역사에는 한 민족이 다른 민족을 집단으로 학살하는 비극이 지속적으로 발생해 왔습니다. 아르메니아 대학
살부터 아우슈비츠 학살까지 역사는 되풀이됩니다. 과연 제노사이드는 어떻게 막을 수 있을까요? 주동자를 처벌
하면 될까요? 국제 사회의 노력이 필요할까요?

세더잘 42
다문화 우리는 단일민족일까?
박기현 글 | 변종임 감수

우리는 단일민족이기 때문에 다문화 사회로의 전환이 원칙적으로 어렵다
vs 우리는 원래 다문화 사회였기 때문에 행복한 다문화 사회를 만들 수 있다

최근 한국 사회에도 다문화 가정이 많이 늘어나는 추세입니다. 하지만 여전히 다른 인종과 다른 민족에 대한 편견
과 차별이 존재하고 있는 것이 현실이지요? 과연 한국은 다문화 사회로의 성공적인 전환이 가능할까요?

청소년 지식수다

친구처럼 말을 건네는 살아 있는 지식!

청소년 지식수다는 시사적인 이슈를 사회, 과학, 경제, 문화적 관점에서 들여다보며 세상을 해석하는 나만의 시각을 길러 줍니다.

⑦ 일단 앉아 봐 심리학 좀 공부해 본 선생님이 들려주는 인생 꿀팁

★15세상담연구소 한영주 소장 추천도서★

청소년들의 고민을 귀 기울여 담아낸 조언집《일단 앉아 봐》에서는 심리학에서 입증된 이론을 바탕으로 일상생활에서 청소년들이 자신의 마음을 스스로 잘 다스리며 성장할 수 방법을 구체적으로 알려 준다. 책은 자아, 집, 학교, 친구, 스마트 기기의 순서로 청소년들이 직접 고민할 법한 상황별 대처법을 제시한다.

에런 밸릭 지음 | 김인 옮김

*청소년 지식수다는 계속 출간됩니다.

① 원자력이 아니면 촛불을 켜야 할까?

장바티스트 드 파나피외 글 | 쥘리앙 르 브뷔 그림 | 곽영직 감수 | 배형은 옮김

② 신문, 읽을까 클릭할까?

마리용 기요 글 | 니콜라 와일드 그림 | 김민하 감수 | 이은정 옮김

아는 만큼 건강해지는 성
③ 청소년 빨간 인문학

키라 버몬드 글 | 박현이 감수 | 정용숙 옮김

④ 언어가 사라지면 인류는 어떻게 될까?

실비 보시에 글 | 안느 루케트 그림 | 이기용 감수 | 배형은 옮김

⑤ 돈을 알면 세상이 보일까?

알렉상드르 메사제 글 | 파코 그림 | 노상채 감수 | 김보희 옮김

⑥ 경제 성장이라는 괴물

실비 뮈니글리에·브누아 브로이야르 글 | 마튜 드 뮈종 그림 | 윤순진 감수 | 김보희 옮김